W0052299

Ulrich Greiners
Lyrikverführer

Ulrich Greiners
Lyrikverführer
Eine Gebrauchsanweisung zum
Lesen von Gedichten

C.H.Beck

Für meine Liebste

Zum Geleit

Gehören Sie (wie offen gesagt ich selbst) zu den Lesern, die Vorworte überschlagen? Dann blättern Sie bitte weiter zum ersten Kapitel. Das sollten Sie insbesondere dann tun, wenn Sie mein voriges Buch kennen: «Ulrich Greiners Leseverführer – Eine Gebrauchsanweisung zum Lesen schöner Literatur». Daraus können Sie nämlich schließen, dass auch dieses Buch nicht für Germanisten und nicht für Fachleute geschrieben ist, sondern für Leser, die Gedichte lieben. So wie das erwähnte Buch für jene geschrieben war, die eine schwer erklärliche Leidenschaft für das empfinden, was man etwas altmodisch «schöne Literatur» nennt. Was Literatur ist, was sie mit uns macht und welchen Gesetzen sie folgt, habe ich damals (2005) zu erklären versucht.

Das Gedicht aber ist ein besonderer Fall. Erstens deshalb, weil es eine gewaltige Zahl von Autoren gibt, die mehr oder weniger unbemerkt Gedichte schreiben – wobei ich vermute, dass sich jeder intelligente, schreibfähige Mensch irgendwann einmal in seinem Leben an Gedichten versucht hat. Und zweitens, weil das Gedicht im endlosen, oft auch formlosen Gelände der Literatur einen Höhepunkt darstellt: vielleicht einen Elfenbeinturm, vielleicht einen Hochsitz, vielleicht auch einen nebelumwogten Gipfel, den zu erklimmen nur wenige lockt. Ich jedenfalls glaube, dass Lyrik die schönste und reinste, allerdings auch die schwierigste Form literarischen Schreibens ist. Sie zu lesen, sie zu verstehen bedarf einer gewissen Übung und gewisser Kenntnisse. Und manche Gedichte führen uns an die Grenze des Verstehens, wobei sich schon das Wort «Verstehen» nicht von selbst versteht. Um solche Dinge also geht es in diesem Buch. Deshalb besteht es aus zwei Teilen.

Im **ersten Teil** versuche ich die Frage zu beantworten:

Was ist ein Gedicht?

Das weiß irgendwie jeder. Aber er käme mit Sicherheit ins Schwanken, wenn er es genau definieren müsste. Das geht uns mit vielen Begriffen aus der geistigen Welt ähnlich, denn anders als ein Stuhl, dessen einfachste Bestimmung darin besteht, dass man auf ihm sitzen kann, ist das Gedicht eine Kunst, die keine auf Anhieb beschreibbare Gestalt und keinen unmittelbaren Nutzen hat. Und wenn wir auf die Geschichte der Literatur blicken, dann begegnet uns ein schöner, verwirrender Reichtum an Formen. Die wichtigsten davon will ich in den sieben Kapiteln des ersten Teils darstellen, und ich füge hinzu, dass diese Expedition ins Land der Lyrik auch mir dazu gedient hat, ein paar Dinge genauer zu betrachten und besser zu begreifen.

Im **zweiten Teil** nun frage ich:

Wie versteht man ein Gedicht?

Darauf gibt es natürlich keine allgemeingültige Antwort, schließlich haben wir es nicht mit einer Anleitung für den Gebrauch von Excel oder einer Waschmaschine zu tun.

Jedes Gedicht verlangt von jedem Leser eine besondere Zuwendung. Die elf Interpretationsbeispiele (es sind Beiträge für die «Frankfurter Anthologie» von Marcel Reich-Ranicki, dem ich herzlich für die unermüdliche Aufforderung zur Mitarbeit danken möchte) zeigen Ihnen Lesarten – meine Lesarten. Sie zeigen den Formenreichtum des Gedichts, beginnend bei dem alten Friedrich Hölderlin, der wahrlich ein Klassiker ist, endend mit der jungen Nadja Küchenmeister, aus der womöglich eine Klassikerin wird.

Erster Teil

Was ist ein Gedicht?

1.

Das Gedicht ist eine Erzählung

Ganz an seinem Anfang erzählt das Gedicht etwas – wie in den folgenden, wahrlich berühmten Zeilen:

> Sage mir, Muse, die Taten des vielgewanderten Mannes,
> Welcher so weit geirrt nach der heiligen Troja Zerstörung,
> Vieler Menschen Städte gesehn und Sitte gelernt hat
> Und auf dem Meere so viel unnennbare Leiden erduldet,
> Seine Seele zu retten und seiner Freunde Zurückkunft.
> Aber die Freunde rettet er nicht, wie eifrig er strebte
> Denn sie bereiteten selbst durch Missetat ihr Verderben [...]

Das ist der Beginn der «Odyssee» des göttergleichen Homer (um eines seiner Bilder zu verwenden), des ersten Gesanges von 24 Gesängen, so lauten die ersten Verse von etwa zwölftausend. Der Dichter ruft die Muse an, die Göttin der Dichtkunst. Sie soll ihm helfen, diese ungeheure Geschichte zu erzählen, die Geschichte des Kriegers Odysseus, der nach der Schlacht von Troja nichts anderes will als nach Hause, zurück in die Arme seiner Gattin Penelope. Bis ihm das gelingt, muss er zahllose Irrfahrten, Versuchungen und Abenteuer überstehen. Entstanden ist das Werk vor mehr als 2700 Jahren, mit ihm beginnt die Geschichte der europäischen Literatur.

Ist das nun ein Gedicht? Im strengen Sinne nicht, in gewisser Hinsicht könnte man es sogar einen Roman nennen, und ohne Zweifel handelt es sich um eine erzählende Form, um ein Epos. Das griechische Wort «epos» heißt aber unter anderem «Vers, Gedicht, Erzählung», und diese scheinbar widersprüchlichen Bedeutungen haben damit zu tun, dass die frühen Epen von einem Sänger vorgetragen wurden. Die Form dieses Vortrags nennt man «gebundene Rede», im Unterschied zur «ungebundenen».

Über die ungebundene Rede ist nicht viel zu sagen. Wir finden sie in nahezu allen Texten, in Gebrauchsanweisungen und Gesetzesbüchern ebenso wie in Romanen und Zeitungen, und wir begegnen ihr natürlich auch in dem, was wir und unsere Gesprächspartner täglich von uns geben. Wenn wir miteinander reden, dann kann es passieren, dass uns plötzlich ein Reim unterläuft, und dann müssen wir vielleicht lachen. Die Komik entsteht dadurch, dass wir zufällig das Reich der gebundenen Rede betreten haben, und dieses Reich hat immer etwas Feierliches, Besonderes, Hervorgehobenes. Ein Rest dieser Tradition ist noch in dem eigentlich seltsamen Brauch erhalten, bei bestimmten Anlässen – Familienfesten, Betriebsfeiern – Reden in Versform vorzutragen.

Wir müssen uns vor Augen halten, dass die Literatur älter ist als die Schriftlichkeit. Bücher sind eine späte Erfindung. Noch im Mittelalter war es keineswegs selbstverständlich, dass die Angehörigen der Oberschicht lesen und schreiben konnten. Die Unterschicht bestand ohnehin zumeist aus Analphabeten. Der Umgang mit Büchern (es waren in der Hauptsache die Bibel sowie geistliche Texte) und das Schreiben (es ging in der Hauptsache um das Abschreiben kanonischer Werke) beschränkten sich auf

die Priester und Mönche. Hartmann von Aues Versroman
«Der arme Heinrich» (etwa 1180) beginnt mit den Zeilen:
«Ein ritter sô gelêret was / daz er an den buochen las / swaz
er dar an geschriben vant.» (Ein Ritter – eben der Held der
Geschichte – war so gelehrt, dass er alles, was er in den
Büchern geschrieben fand, lesen konnte.)

Am Anfang der Literatur stand die Mündlichkeit. Jeder
weiß aus eigener Erfahrung, dass rhythmisierte Texte leichter zu lernen sind als ungefügte. Das galt etwa für die Dramen der Antike. Ihre in einem bestimmten Metrum ver-
fassten Verse erlaubten es den Schauspielern, sie besser
im Gedächtnis zu behalten, und den Zuhörern, ihnen
besser zu folgen. So ist also auch die «Odyssee» in einem
bestimmten Versmaß gehalten, sie benutzt den Hexameter
(die Betonung liegt auf dem «a»). Das Wort kommt vom
griechischen «hexámetron» und bedeutet Sechsmaß oder
Sechsfuß. Eine Verszeile im Hexameter hat sechs Betonungen. Lesen wir noch einmal die erste Zeile der «Odyssee»,
dann erkennen wir die sechs Maße:

Sa-ge mir, **Mu**-se, die **Ta**-ten des **viel**-ge-**wan**-derten **Mann**-es.

Auf eine betonte Silbe folgen zwei unbetonte kurze Silben
(man nennt das Daktylus), manchmal auch nur eine lange
(Spondeus). Nur im letzten Takt ist der Daktylus unvollständig (**Mann**-es). Wir wollen die Feinheiten dieser in der
Antike und bis in die Neuzeit hinein viel gebrauchten
Form jetzt nicht näher erkunden, aber einen Hinweis
muss ich noch geben. Im Deutschen steht die Betonung
eines Wortes unweigerlich fest, und sie hängt nicht davon ab, ob die Silbe lang oder kurz ist. Man betont «Bahn-
hof» (mit zwei langen Silben) ebenso auf der ersten Silbe
wie «Rolltreppe» (mit drei kurzen). Im Griechischen hin-

gegen haben Länge und Kürze eine größere Bedeutung, und das macht die Übersetzung zu einer schwierigen Aufgabe. Es war Johann Heinrich Voß (1751 bis 1826), der Mitbegründer der Dichtervereinigung «Göttinger Hainbund», der die große, immer wieder gerühmte und kritisierte Tat vollbrachte, Homer ins Deutsche zu übertragen. Kritisiert wurde er unter anderem dafür, dass er der deutschen Sprache Gewalt angetan habe, um sie ins antike Versmaß zu pressen.

Man kann sich zum Beispiel über das seltsame Wort «Zurückkunft» wundern (Vers 5), das wahrscheinlich von niemandem vorher je verwendet wurde. Warum sagt er nicht «Heimkehr»? Wenn Sie sich den Vers noch einmal ansehen, dann merken Sie, dass Voß ein Wort benötigt, das mit einer unbetonten Silbe beginnt, sonst müsste er das Versmaß verfehlen, und deshalb erfindet er ein neues, eben «Zurückkunft». Wahr ist aber, dass die nicht wenigen neuen Prägungen des Übersetzers Voß die deutsche Sprache, natürlich vor allem die der Gebildeten, ungemein bereichert haben. Seine Übertragungen sind Teil der deutschen Literatur geworden, so wie Luthers Bibelübersetzung und die Shakespeare-Übersetzungen von Tieck und Schlegel.

Der Hexameter ist übrigens in der Antike oft mit dem Pentameter kombiniert worden (der hat fünf Takte), und diese Verbindung nennt man Distichon. Ovid hat seine «Ars amatoria», ein großes Lehrgedicht über die Liebeskunst, ganz in Distichen geschrieben. Goethe und Schiller haben dann später diese Form für das Epigramm genutzt. Es ist bestimmt durch einen zugespitzten, rasch auf den Punkt gebrachten Gedanken. Eines ihrer Distichen definiert, was ein Distichon ist:

> Im Hexameter steigt des Springquells silberne Säule,
> Im Pentameter drauf fällt sie melodisch herab.

Sie sehen, dass es in der zweiten Zeile eine beabsichtigte Stauung gibt: Zwei betonte Silben stoßen aufeinander, «drauf» und «fällt». So entsteht ein wechselvoller Rhythmus. Der Dichterkollege Matthias Claudius hat die Zeilen von Schiller und Goethe parodiert und geschrieben:

> Im Hexameter zieht der ästhetische Dudelsack Wind ein;
> Im Pentameter drauf läßt er ihn wieder heraus.

Die Herren waren damals alle sehr gebildet, und die intime Kenntnis der antiken Formen verstand sich von selbst. Man war aber nicht allein gebildet, sondern auch recht sinnenfroh, jedenfalls gilt das für Goethe, der die antiken Formen mit den weiblichen aufs Schönste zu verbinden wusste. In Kapitel V der «Römischen Elegien», wo er von der in vieler Hinsicht befreienden Erfahrung seiner Romreise berichtet, schreibt er:

> Froh empfind' ich mich nun auf klassischem Boden begeistert,
> Vor- und Mitwelt spricht lauter und reizender mir.
> Hier befolg' ich den Rat, durchblättre die Werke der Alten
> Mit geschäftiger Hand, täglich mit neuem Genuß.
> Aber die Nächte hindurch hält Amor mich anders beschäftigt;
> Werd' ich auch halb nur gelehrt, bin ich doch doppelt beglückt.
> Und belehr' ich mich nicht, indem ich des lieblichen Busens
> Formen spähe, die Hand leite die Hüften hinab?
> Dann versteh' ich den Marmor erst recht: ich denk' und vergleiche,
> Sehe mit fühlendem Aug', fühle mit sehender Hand.
> Raubt die Liebste denn gleich mir einige Stunden des Tages,
> Gibt sie Stunden der Nacht mir zur Entschädigung hin.

Wird doch nicht immer geküßt, es wird vernünftig gesprochen;
Überfällt sie der Schlaf, lieg' ich und denke mir viel.
Oftmals hab' ich auch schon in ihren Armen gedichtet
Und des Hexameters Maß leise mit fingernder Hand
Ihr auf den Rücken gezählt. Sie atmet in lieblichem Schlummer,
Und es durchglühet ihr Hauch mir bis ins Tiefste die Brust. [...]

Falls Sie also bis hierhin nicht verstanden haben sollten, was ein Hexameter bzw. ein Distichon ist, können Sie (ob Mann oder Frau) es nun praktisch erproben:

Und des Hex-a-meters **Maß lei**-se mit **fin**-gernder **Hand**
Ihr (oder ihm) auf den **Rü**-cken ge-**zählt**. Sie (oder er) **at**-met in **lieb**-lichem **Schlu**-mmer

Wobei es sich nun, wie Sie bemerkt haben, bei der Zeile, in der vom Hexameter die Rede ist, um einen Pentameter handelt. Und wenn Sie nun ganz genau hingucken, dann sehen Sie, dass auch der Pentameter (wörtlich: Fünffuß) sechs Betonungen hat. Der dritte Versfuß allerdings ist unvollständig. Er hat keine Senkung, sodass auf eine Hebung gleich die nächste folgt. – Das Zählen der Versfüße kann etwas durchaus Beckmesserisches haben.

Was aber nun die lange Erzählung in Versform betrifft, so ist sie nie ausgestorben. Ein ziemlich neues Beispiel ist der grandiose «Fredy Neptune» (2004) des australischen Lyrikers Les Murray, ein gewaltiges Versepos, eine moderne «Odyssee». Die ersten der rund zehntausend Verse zeigen uns ein Familienfoto: «Das war am Schlachtwursttag / auf unsrer Farm bei Dungog. / Das sind mein Vater Reinhard Böttcher / und meine Mutter Agnes und mein Bruder Frank, / der später starb an Hirnbrand, Meningitis.» Hier der Schlachtwursttag, dort die Schlacht um Troja; hier der große Odysseus, der mehr als einmal Schiffbruch erlitt, dort der kleine Fredy, der Seemann, der viele Meere befuhr, der Muskelmann, der viele Kriege überlebte. Odysseus kehrt nach wunderbaren und schrecklichen Abenteuern in seine Heimat Ithaka zurück und trifft auf einen Saustall. Fredys Abenteuer sind ebenfalls wunderbar und schrecklich, und als er endlich im heimatlichen Dungog in Australien anlangt, ist der Saustall in fremdem Besitz, der Vater tot, die Mutter verschollen, man jagt ihn davon. Er ist deutscher Abstammung, und die Deutschen in Australien sind nach dem Ende des Ersten Weltkrieges gefürchtet und verhasst wie selbst Odysseus nicht.

Aber hören wir den Klang von Murrays Gesang. Durch etliche Zufälle (wir sind am Beginn des Ersten Weltkriegs) verschlägt es den australischen Matrosen Fredy auf ein deutsches Kriegsschiff. «Wir hingen auf dem Schwarzen Meer herum und zogen unsre Flagge / auf vor der Stadt und spielten Skat und aßen Gulasch.» In der türkischen Hafenstadt Trabzon haben sie Landgang und sehen Frauen ohne Schleier auf der Straße:

Entsetzt und weinend drängten sie sich aneinander, sich immerfort
bekreuzigend, umringt von Männern, die wie Wilde brüllten.
Und ihre weiten losen Kleider trieften. Man roch es: Kerosin.
    Die Männer
stelzten um sie herum, begrapschten sie, stießen sie an:
    Kommt, tanzt! –
dann – poff! paff! – brannten sie, die Frauen, dunkle Dochte
    von riesigen
orangeroten Flammen, und heulten. Hätten wir Gewehre
    mitgehabt,
wir hätten diese Kerle kaltgemacht. Wir hatten Fäuste nur
    und Stiefel.

Der historische Hintergrund ist die Tatsache, dass armenische Frauen 1915 in der Türkei bei lebendigem Leib verbrannt wurden. Das Gedicht des Armeniers Atom Yarjanian, von Les Murray als Motto vorangestellt, berichtet von einem Augenzeugen der Untat, und es heißt: «Diese meine Augen – wie soll ich sie aus ihren Höhlen reißen, wie nur, wie?» Irgendwann später erzählt Fredy von einem Mann, der immerzu an die Gräuel des Krieges denken muss und sich schließlich umbringt: «Er dachte immer, man ist schuld an dem, was man gesehen hat.»

Ein archaischer und ein sehr humaner Gedanke. Er ist das Leitmotiv dieser Geschichte. Dass ich ein Verbrechen sehe, stellt zwischen ihm und mir eine Verbindung her. Ich kann nicht mehr so tun, als wäre es nicht gesehen, nicht geschehen, und nun habe ich, auch ohne direkte Schuld, Anteil daran. Was geschieht mit uns, die wir an manchem Abend via Bildschirm Zeugen der ungeheuerlichsten Vorgänge werden? Wohin stecken wir diesen Anteil? Der probate Mechanismus ist die Abstumpfung. Fredy hat die Verbrennung der Frauen wirklich gesehen. Auch er stumpft ab, aber auf grauenerregende Weise. Er verliert die körperliche Empfindung. Zunächst bekommt er Lepra und irrt als Aussätziger auf türkischen Straßen umher. Kameraden lesen ihn auf, er kommt mit einem Verwundetentransport nach Berlin, dann in ein Leprosorium an der Weser. Er reißt aus und heuert auf einem Schiff nach Rio an. Unterwegs löst sich der Schorf, «brannte, klebte fest an meinen Kleidern, […] mir fiel die Rinde ab wie einem Eukalyptus». Und als sie ab ist, spürt er, dass er nichts mehr spürt: «Kein Schmerz und keine Lust. Nur wie ein Schemen von dem Sinn, / der meldet, wo ein Teil von einem ist, und das Bedürfnis drinnen anzeigt…»

Und hier beginnt das Drama des Fredy Neptune, die Geschichte eines absurden Jesus aus Dungog, der die Sünden dieser Welt sieht und auf sich nimmt. Er büßt sie mit dem Verlust seiner Empfindung, nicht der seelischen, wohl aber der körperlichen. Wo immer er kann, geht er dazwischen. Er ist stark wie kein anderer. Aber seine Stärke rührt daher, dass er jenen Schmerz, den die äußerste Anspannung der Kräfte erzeugt, überhaupt nicht empfindet. Erst wenn die Knochen krachen und die Ohnmacht naht, hört er auf. Er kann Autos hochheben und Eisentore aus den Angeln heben.

Allmählich lernt Fredy, mit seiner Stärke umzugehen, aber bitterlich erfährt er sie als Schwäche. Denn auch er, gerade er, hat Gefühle, aber keine Möglichkeit, sie zu spüren und auszudrücken. Das macht ihn unfähig zur Liebe. Und vielleicht gleicht er darin nicht wenigen Männern, den damaligen wie den heutigen. Seine Liebe zu Laura leidet unter diesem Makel. «Ich konnt' nicht lieben», sagt er auf dem Tiefpunkt seines Unvermögens. Als Laura merkt, wie es um ihn steht, trennt sie sich von ihm. Es bringt ihn fast um. Aber hören wir ihn selbst:

Das Weinen hatte noch Geschmack und ließ den Atem stoßweis gehn
und überschwemmte meinen Blick. Nichts, was ich seit Trabzon
zum ersten Mal tat, fühlte sich an wie irgendwas. War kein Gefühl,
kein Eigenes darin. Das von zuvor, das ging nach dem Gedächtnis:
Müdsein macht einen schwer und langsam. Aber Brennen riecht nur
und erschreckt die andern, wenn man zu meinem Stamm gehört,
    und was
ihr Liebe nennt, das schmeckt nach Salz und nach getragner Wäsche –
mit Zärtlichkeit davor und auch danach, wenn's wirklich Liebe ist.
Und auch mit Babys, Liebe oder nicht. Wär'n sie wohl taub wie ich?
War ich der Anfang einer neuen Rasse, von der's noch keine
    Frauen gab?

Die großartige Leistung des Übersetzers Thomas Eichhorn kann man leicht überprüfen, wenn man auf die englische Fassung blickt (die Ausgabe im Ammann Verlag ist zweisprachig). Und man sieht, wie virtuos Les Murray Maß und Rhythmus setzt. Die Strophen haben je acht Langzeilen, und zuweilen marschieren sie im klassischen Versmaß, um dann wieder unbeholfen zu stocken oder kurz und hart zu werden, wenn der Augenblick es verlangt. Manchmal springt der Vers über die Strophen hinweg, manchmal wirkt die Sprache wie simple Prosa, dann wieder schwingt sie sich ein in den Flügelschlag der Hebungen und Senkungen, gewinnt Höhe und Strahlkraft. Es erzählt ja der ganz und gar ungebildete Fredy, sein Englisch hat er nicht in Oxford gelernt, sondern in Dungog unter deutschen Einwanderern. Es ist ein grobes, grammatisch verkürztes Englisch, praktisch und robust und leicht ausgefranst wie das Hemd eines Landarbeiters. «Fredy Neptune» zeigt, dass in der Literatur nie etwas wirklich vorbei, ein für alle Mal erledigt ist. Wer hätte gedacht, dass die Form des epischen Langgedichts noch einmal wiederkäme?

Das Gedicht ist also auch eine Erzählung, nicht nur in seinen Anfängen. Literatur in heutigem Sinne (also verstanden als ästhetische Kunstform) bestand lange Zeit immer aus gebundener Rede, im Unterschied zu Gesetzesbüchern oder philosophischen und theologischen Abhandlungen. Das war auch in der deutschen Literatur anfänglich so, alle ihre frühen großen Erzählungen sind Versepen, etwa das berühmte Nibelungenlied oder die Werke des Gottfried von Straßburg, Hartmann von Aue und Wolfram von Eschenbach. Aus dessen «Parzival» (um 1210) zitiere ich die Stelle (Buch IV), da Parzival, nachdem er zum Ritter ausgebildet worden ist, ins Reich der Königin Condwiramurs gelangt.

Sie wird von Feinden belagert, Parzival befreit sie und wird ihr Gemahl. Wolfram schildert, wie die beiden sich zum ersten Mal begegnen:

> jâ muose prîses walden
> Condwîr âmûrs:
> diu truoc den rehten bêâ curs.
> der name ist tiuschen schœner lîp.
> ez wâren wol nütziu wîp,
> die disiu zwei gebâren,
> diu dâ bî ein ander wâren.
> dô schuof wîp unde man
> niht mêr wan daz si sâhen an
> diu zwei bî ein ander.

Ich gebe Ihnen gleich die Übersetzung, denn das Mittelhochdeutsche ist nicht eben leicht zu verstehen. Der Schriftsteller Dieter Kühn hat dieses Werk vor nicht allzu langer Zeit (1986) in eine schöne, moderne Prosa übertragen:

> Ja, sie kriegte den höchsten Preis
> Con duir a mour!
> Sie hatte wahrhaft: le beau corps,
> das heißt auf deutsch: den schönen Leib.
> Die hatten ein großes Werk vollbracht,
> die diese zwei geboren hatten,
> die beieinandersaßen.
> Und so konnte keiner anders,
> nicht die Frauen, nicht die Männer,
> als die beiden anzustarren.

Etwas Neues ist hier dazugekommen: der Endreim. Es handelt sich um den sogenannten Paarreim, und er heißt so, weil sich zwei aufeinanderfolgende Verse am Ende in einem Reim paaren. Auch das Versmaß ist anders: Es ist ein vierhebiger Jambus. Der Jambus beginnt mit einer unbetonten Silbe (Senkung), es folgen abwechselnd betonte (Hebungen) und unbetonte. Sie sehen aber auch, dass Wolfram den Versfuß sehr unregelmäßig verwendet, mal folgt er ihm, mal ignoriert er ihn, dann wieder nutzt er ihn zur Akzentuierung. Hier, in der zweiten Zeile, kommt der Auftritt einer der Hauptfiguren dieses Versepos, nämlich der Königin, die einen französischen, einen sprechenden Namen trägt, sie führt zur Liebe hin (conduire – amour). Und nun baut Wolfram einen Vers, der aus bloß vier Hebungen besteht. Wenn Sie das laut lesen, dann spüren Sie den dramatischen Effekt, und wieder müssen Sie sich vor Augen (vor Ohren) halten, dass diese Texte nicht stumm gelesen, sondern vorgetragen wurden. Der Trick ist ebenso einfach wie wirkungsvoll: Das Versmaß beruht auf einer festen Regel, und wenn die an einem bestimmten Ort verletzt wird, dann tritt dieser umso deutlicher hervor. Die Beobachtung werden wir noch häufiger machen: In streng gefügten Gedichten bedarf es nur einer gut kalkulierten Abweichung, eines kleinen, harten Rhythmuswechsels, um einen sinnstiftenden Effekt zu erzielen, und nur der mittelmäßige Reimschmid hält sich immer und überall an das vorgegebene Muster.

Wolfram liebt es übrigens, mit französischen Redewendungen zu prunken, was auch ein bisschen damit zusammenhängt, dass sein Versepos stark von dem «Perceval» des Chrétien de Troyes beeinflusst ist. Heutzutage würde man herzlos sagen: Er hat davon manches abgeschrieben. Das tut aber der Tatsache keinen Abbruch, dass sein «Parzival» eines der schönsten, eigenartigsten Werke der deutschen Literatur ist.

Lange Zeit also wurden die meisten Werke der Literatur (und einige davon würden wir heute Romane nennen) in gebundener Rede verfasst, und es war Johannes von Tepl, der um 1400 seinen großen Traktat «Der Ackermann aus Böhmen» in einfacher, ungefügter Prosa veröffentlichte. Der Grund dafür liegt nicht allein in der Tatsache, dass es sich hier um das einem Gerichtsverfahren nachempfundene Streitgespräch zwischen einem Bauern und dem Tod handelt, sondern vor allem in einer neuartigen Ästhetik: Sie verzichtet zugunsten der Wahrheit auf Schönheit. In dem von Gott moderierten und am Ende entschiedenen Streit geht es darum, dass ein Bauer, eben der Ackermann aus Böhmen, den Tod in die Schranken fordert, weil der ihm die geliebte junge Frau im Kindbett hat sterben lassen. Der Tod ist zunächst ungehalten, unwillig zu einem Disput, aber dann sagt er: «Dein klage ist one done vnd reime; davon wir prufen, du wellest durch donens vnd reimens willen deinem sinn nicht entweichen.» Was auf Neuhochdeutsch ungefähr heißt: Deine Anklage kommt nicht in Versen und Reimen daher; daran erkennen wir, dass du deine Absichten nicht verschleierst, bloß um der Verse und Reime willen.

Das Neue daran ist die Empfindung, dass die schöne, sich selbst genügende und zuweilen in sich selbst verliebte Form, wie sie vom Reim- und Metrikzwang nahegelegt wird und wie sie jahrhundertelang praktiziert wurde, den fundamentalen, existenziellen Fragen ausweiche, dass sie nicht mehr geeignet sei, zum Kern der Wahrheit vorzudringen. Denn die Wahrheit sei ungereimt, krude, und wer bloß schöne Reime liefere, verfehle sie. Dieser Gedanke ist dann viel später von den Dichtern der modernen Lyrik aufgegriffen und radikalisiert worden, wir kommen darauf

zurück. Seit dem «Ackermann aus Böhmen» ist die ungebundene Rede endgültig in das Reich der Literatur einge-
drungen, und seitdem sind wir es gewohnt, dass lediglich
das Gedicht (und in der neueren Zeit auch das nicht mehr)
sich bestimmten Zwängen des Rhythmus und des Reimes
anbequemt, dass aber erzählende Prosa, ob Roman, Novelle oder Kurzgeschichte, damit fast nichts mehr im Sinn
hat – wenn wir davon absehen, dass kunstvolle Prosa von
Fall zu Fall durchaus rhythmisierte, melodische Passagen
kennt.

Das bedeutet aber keineswegs, dass das Erzählerische
aus dem Gedicht verschwunden wäre. Die Form, in der es
bis heute aufbewahrt ist, nennen wir Ballade. Das Wort,
abgeleitet vom lateinischen «ballare» (tanzen), bezeichnet
zunächst ein Lied, zu dem getanzt wird. Daraus hat sich
dann die sogenannte Volksballade entwickelt, eine in Versform gebrachte Erzählung, die das Heldenepos nach unten, in die Welt der Bauern und Händler verlagert. Verwandt damit sind der Bänkelsang und die Moritat, die auf
Jahrmärkten vorgetragen wurden. Die Ballade gewinnt
dann in der allmählich entstehenden bürgerlichen Gesellschaft an Bedeutung, sie entwickelt sich zur Kunstballade,
und die meisten namhaften deutschen Schriftsteller haben
diese Form gepflegt und verfeinert. Aber ihren Ursprung
kann man meistens noch spüren, den Willen zur Volkstümlichkeit, zu Spannung und Dramatik und zur einfachen,
leicht verständlichen Form. In der Tat sind viele Balladen
der deutschen Literatur, obwohl sie von hochgebildeten
Autoren geschrieben wurden, ins kollektive Gedächtnis
eingegangen, als wären sie Gemeingut, was sie ja auch
sind.

Eine der berühmtesten Balladen ist «Lenore» von Gottfried
August Bürger (1747 bis 1794). Ich gebe Ihnen hier die ersten fünf Strophen wieder (von wohlgemerkt insgesamt 32):

> Lenore fuhr ums Morgenrot
> Empor aus schweren Träumen:
> «Bist untreu, Wilhelm, oder tot?
> Wie lange willst du säumen?» –
> Er war mit König Friedrichs Macht
> Gezogen in die Prager Schlacht,
> Und hatte nicht geschrieben:
> Ob er gesund geblieben.
>
> Der König und die Kaiserin,
> Des langen Haders müde,
> Erweichten ihren harten Sinn,
> Und machten endlich Friede;
> Und jedes Heer, mit Sing und Sang,
> Mit Paukenschlag und Kling und Klang,
> Geschmückt mit grünen Reisern,
> Zog heim zu seinen Häusern.
>
> Und überall all überall,
> Auf Wegen und auf Stegen,
> Zog Alt und Jung dem Jubelschall
> Der Kommenden entgegen.
> «Gottlob!» rief Kind und Gattin laut,
> «Willkommen!» manche frohe Braut;
> Ach! aber für Lenoren
> War Gruß und Kuß verloren.
>
> Sie frug den Zug wohl auf und ab,
> Und frug nach allen Namen;
> Doch keiner war, der Kundschaft gab,

Von allen, so da kamen.
Als nun das Heer vorüber war,
Zerraufte sie ihr Rabenhaar,
Und warf sich hin zur Erde,
Mit wütiger Gebärde.

Die Mutter lief wohl hin zu ihr: –
«Ach, daß sich Gott erbarme!
Du trautes Kind, was ist mit dir?» –
Und schloß sie in die Arme. –
«O Mutter, Mutter! hin ist hin!
Nun fahre Welt und alles hin!
Bei Gott ist kein Erbarmen.
O weh, o weh mir Armen – !»

Es geht dann so weiter, dass Mutter und Tochter sich wechselseitig Trost und Verzweiflung an den Kopf werfen, immer wilder und dramatischer, bis dann in der Nacht der Geliebte hoch zu Ross plötzlich auftaucht («und außen, horch! ging's trapp, trapp, trapp»), um Lenore mit sich zu nehmen. Wohin? Wie sich alsbald zeigt, zu einem Totentanz, und was nun folgt, ist sozusagen die Frühform eines Horrorfilms, den Bürger drastisch ausmalt, mit Sing und Sang, mit Kling und Klang. Lenore reiht sich ein in diesen Totentanz, was bedeutet, dass sie ihrem Herzenskummer erliegt. Die letzten vier Zeilen lauten:

«Geduld! Geduld! Wenn's Herz auch bricht!
Mit Gott im Himmel hadre nicht!
Des Leibes bist du ledig;
Gott sei der Seele gnädig!»

Wahrscheinlich ist Ihnen dieser Spruch schon irgendwann, irgendwie begegnet, und daran können Sie sehen, wie die Kunstballade selbst wieder volkstümlich geworden ist, und das gilt für sehr viele Balladen. Bürgers «Lenore» jedenfalls zeigt, dass die Dichter des 18. und vor allem des 19. Jahrhunderts nicht die geringsten Hemmungen hatten, die Wurst ihrer poetischen Kunst nach der Speckseite des Erfolgs zu werfen. Worin übrigens auch Schiller ein Meister war.

Lassen Sie uns aber vorher noch einen Blick auf die simple, keineswegs kunstlose Form werfen. Erkennen Sie das Versmaß? In der Tat, wieder ein Jambus, einer mit vier Hebungen. Und Bürger hält das bis auf wenige Ausnahmen durch (die letzte Zeile der vierten Strophe hat nur drei Hebungen). Und das Reimschema? Jede Strophe hat acht Zeilen, wovon die ersten vier über Kreuz gereimt sind (a-b-a-b). Die folgenden vier haben Paarreime (a-a-b-b). Bei dieser Gelegenheit möchte ich Sie auf die Versausgänge hinweisen. Da gibt es etwa (erste Strophe) die Endreime «Morgenrot – tot» und «Macht – Schlacht», die also mit einer betonten Silbe enden; und dann die anderen, die mit einer unbetonten enden: «Träumen – säumen». Diese nennt man «weiblich», jene «männlich». Die seltsame Bezeichnung muss uns nicht kümmern, wichtig ist nur, dass damit eine Klangalternative bezeichnet ist, die dem Ganzen etwas Abwechslung verleiht. Denn Abwechslung haben diese insgesamt etwas schematischen 32 Strophen durchaus nötig, aber auch hier ist Bürger quasi auf Hollywood-Niveau: Man darf in Formfragen nicht allzu anspruchsvoll sein, die Sache muss, einmal auf die Schiene gesetzt, von selbst ins Ziel laufen.

Einer, der sehr effektvolle Balladen geschrieben hat (ansonsten war er, mit Verlaub, kein großer Lyriker), war Theodor Fontane (1819 bis 1898), und bei ihm, rund hundert Jahre nach Bürger, sieht man, wie sich die Mittel und Möglichkeiten gesteigert haben. Nehmen wir nur seine Ballade «John Maynard», die Sie vermutlich kennen (sie handelt von einem wackeren Steuermann auf dem Eriesee, der das brennende Schiff in den rettenden Hafen steuert und dabei selbst zugrunde geht). Betrachten Sie den Anfang, man kann ihn sich förmlich als Film- oder Theaterszene vorstellen:

«John Maynard!»

Das ruft also irgendjemand, und ein anderer fragt zurück:

«Wer ist John Maynard?»

Die Antwort:

«John Maynard war unser Steuermann,
Aushielt er, bis er das Ufer gewann,
Er hat uns gerettet, er trägt die Kron,
Er starb für uns, unsre Liebe sein Lohn.
John Maynard.»

Und jetzt wird der Plot erzählt:

Die «Schwalbe» fliegt über den Erie-See,
Gischt schäumt um den Bug wie Flocken von Schnee,
Von Detroit fliegt sie nach Buffalo –
Die Herzen aber sind frei und froh ...

Der Anfang mit dem Dialog der Rufe ist schon ziemlich kühn und greift vor auf die Techniken der neuen Zeit. Die dann folgende Geschichte ist eher hausbacken, die Reime liegen bisweilen sehr auf der Hand, aber das hat den Erfolg der Ballade eher befördert.

Von Schiller war schon die Rede, er ist der Balladenmeister schlechthin. Seine Balladen sind eigentlich kleine Dramen, und eine der bekanntesten ist «Der Ring des Polykrates» (1798), dessen Anfang so lautet:

> Er stand auf seines Daches Zinnen,
> Er schaute mit vergnügten Sinnen
> Auf das beherrschte Samos hin.
> Dies alles ist mir untertänig,
> Begann er zu Egyptens König,
> «Gestehe, daß ich glücklich bin.»

Die Geschichte: Polykrates, König von Samos (er ist der, der hier in der ersten Strophe spricht), hat Besuch vom ägyptischen Pharao und zeigt ihm voller Stolz sein Reich. Der Pharao aber warnt ihn, er möge sich nicht zu sehr auf sein Glück verlassen, noch habe er einen mächtigen Feind, noch sei seine Flotte in Gefahr, noch seien die Kreter im Aufruhr gegen ihn. Nach jeder dieser Warnungen aber kommt die glückliche Nachricht: Der Feind wurde getötet, die Flotte kam heil zurück, die Kreter wurden besiegt. Nun wird der Besucher geradezu besorgt, und er rät dem Polykrates, sich seines kostbaren Rings zu entledigen: «Und rufe selbst das Unglück her.» Das heißt: Kein Mensch kann auf Dauer so viel Glück haben, früher oder später muss das Unheil kommen. Der König also, beeindruckt von diesen Warnungen, wirft den Ring ins Meer, um durch dieses kleine Unglück das große zu bannen. Am nächsten Tag aber kommt ein Fischer und bringt den Ring, er hat ihn im Magen eines eben gefangenen Fischs gefunden. «Hier wendet sich der Gast mit Grausen» – so viel Glück ist ihm unheimlich, und er geht. «Mein Freund kannst du nicht weiter sein. / Die Götter wollen dein Verderben, / Fort eil ich, nicht mit dir zu sterben.»

Hier endet die Geschichte, aber Schiller konnte sich darauf verlassen, dass seine Leser das furchtbare Ende des Polykrates kannten (er wurde besiegt und gekreuzigt), dass sie von selbst Parallelen zu den Mächtigen ihrer Zeit (etwa zu Napoleon) ziehen würden. «Der Ring des Polykrates» ist ein politisches Lehrstück mit einem philosophischen Kern: Gegen Schicksalsschläge ist niemand gefeit («Des Lebens ungemischte Freude / Ward keinem Irdischen zuteil»), das Leben ist dem Zufall unterworfen, und keine Macht, sei sie noch so groß, ist von Dauer.

Schillers Sinnsprüche waren lange Zeit ein Teil des Bildungsbesitzes, sie gehörten zum festen Bestand schulischer Lehrpläne, und folglich wurden sie auch oft parodiert. Parodieren kann man ja nur etwas weithin Bekanntes und schwer Angreifbares. Eine Parodie der zitierten Strophe geht so:

> Er stand auf seines Daches Zinnen
> und schaute mit vergnügten Sinnen
> auf zehn belegte Brötchen hin.
> «Dies alles ist mir viel zu wenig,»
> sprach er zu Ägyptens König,
> «Gestehe, dass ich hungrig bin.»

Zugegeben, der Witz hält sich in Grenzen, aber Sie können daran ablesen, wie gut sich die leicht einprägsame Form der Ballade dazu eignet, mit vielfältigen Inhalten gefüllt zu werden. Das funktioniert bis in die Gegenwart. Der Sänger und Dichter Wolf Biermann hat eine ganze Menge von Balladen geschrieben, darunter die berühmte «Stasi-Ballade» (1972), die mit der sarkastischen Zeile endet: «Die Stasi ist mein Eckermann.» Denn so, wie damals der getreue Eckermann dafür sorgte, dass keines der kostbaren Goethe-Worte

am Mittagstisch verloren ging, so sorgt auch die Überwa-
chung durch die Staatssicherheit, dass jedes Wort des DDR-
kritischen Dichters Wolf Biermann erhalten bleibt:

Menschlich fühl ich mich verbunden
mit den armen Stasi-Hunden
die bei Schnee und Regengüssen
mühsam auf mich achten müssen
die ein Mikrophon einbauten
um zu hören all die lauten
Lieder, Witze, leisen Flüche
auf dem Clo und in der Küche
– Brüder von der Sicherheit
ihr allein kennt all mein Leid

Ihr allein könnt Zeugnis geben
wie mein ganzes Menschenstreben
leidenschaftlich zart und wild
unsrer großen Sache gilt
Worte, die sonst wärn verscholln
bannt ihr fest auf Tonbandrolln
und ich weiß ja: Hin und wieder
singt im Bett ihr meine Lieder
– dankbar rechne ich euchs an:
die Stasi ist mein Ecker
die Stasi ist mein Ecker
die Stasi ist mein Eckermann […]

Wir haben hier übrigens einen Trochäus vor uns, einen
Vers also, der mit einer betonten Silbe beginnt, die jeweils
von einer unbetonten abgelöst wird. Dieser Rhythmus gilt
als schwerfällig oder schwergewichtig, er wurde in der antiken Tragödie oft verwendet, und dass ihn Biermann hier
benutzt, verstärkt den satirischen Charakter des Gedichts.

Die Ballade, so haben wir gesagt, wurde ursprünglich getanzt und gesungen, und die Singbarkeit spielt bis heute eine Rolle. Wolf Biermann hat nahezu alle seine Balladen selbst vertont, wobei nicht immer klar ist, was zuerst da war, der Text oder die Melodie. Im Falle Goethes wissen wir das genauer. Berühmte Komponisten (Franz Schubert zum Beispiel) haben seine Balladen vertont. Am bekanntesten und beliebtesten ist der «Erlkönig» (1782). Sie kennen ihn wahrscheinlich, ich zitiere nur die erste Strophe:

> Wer reitet so spät durch Nacht und Wind?
> Es ist der Vater mit seinem Kind;
> Er hat den Knaben wohl in dem Arm,
> Er faßt ihn sicher, er hält ihn warm. –

Wieder handelt es sich um einen Jambus, das Gedicht beginnt also mit einem unbetonten Auftakt, hat aber nicht zufällig hier und da zwei Senkungen statt einer:

> Wer **rei**-tet so **spät** durch **Nacht** und **Wind**?
> Es **ist** der Va-ter mit **sei**-nem **Kind**.

Wenn Sie das laut lesen, spüren Sie, dass die doppelten Senkungen einen Beschleunigungseffekt haben, sie vermitteln etwas von der atemlosen Hast, mit der der Vater sein Kind vor dem Zugriff des Erlkönigs in Sicherheit zu bringen versucht, vergeblich, wie die letzte Zeile zeigt: «In seinen Armen das Kind war tot.» Das Wort Erlkönig geht wahrscheinlich auf «Elfenkönig» zurück, jedenfalls ist damit eine Art von böser Magie gemeint. Goethes Ballade aber erschöpft sich keineswegs in ihrem rasch erzählten Inhalt, sie erzeugt eine Atmosphäre der Bedrohung, des Unheimlichen, und das gelingt durch eine ganz andere Magie, die der Sprache, des Klangs und des Rhythmus.

Fast mehr ein Lied als eine Ballade ist Goethes «König in Thule» (1774). Sie wurde von rund einem Dutzend Komponisten vertont, darunter Schubert, Schumann und Berlioz. Es ist das Lied, das Gretchen im ersten Teil des «Faust» singt:

Es war ein König in Thule,
Gar treu bis an das Grab,
Dem sterbend seine Buhle
Einen goldnen Becher gab.

Es ging ihm nichts darüber,
Er leert' ihn jeden Schmaus;
Die Augen gingen ihm über,
So oft er trank daraus.

Und als er kam zu sterben,
Zählt' er seine Städt' im Reich,
Gönnt' alles seinen Erben,
Den Becher nicht zugleich.

Er saß beim Königsmahle,
Die Ritter um ihn her,
Auf hohem Vätersaale
Dort auf dem Schloß am Meer.

Dort stand der alte Zecher,
Trank letzte Lebensglut
Und warf den heil'gen Becher
Hinunter in die Flut.

Er sah ihn stürzen, trinken
Und sinken tief ins Meer.
Die Augen täten ihm sinken,
Trank nie einen Tropfen mehr.

Wenn Sie sich diese Zeilen näher ansehen, so werden Sie ein paar scheinbare Unbeholfenheiten bemerken. So etwa das doppelte «sinken» in der letzten Strophe, die etwas schräge Wortstellung «Den Becher nicht zugleich» in Strophe 3 oder die verkürzten Silben («Zählt'», «Gönnt'») in derselben Strophe. Auch ein paar altertümliche Wendungen fallen auf, «Buhle» oder «er kam zu sterben». Das ist aber nur scheinbar unbeholfen, denn Goethe hat hier auf höchst raffinierte Weise Volkstümlichkeit erzielt, er hat einen Ton gefunden, der ganz nahe am Volkslied ist. Das Volkslied, eben nicht von hochgradig kunstfertigen Könnern gedichtet, zeigt oft diese kleinen Reimverlegenheiten und rhythmischen Mängel. Sie erhöhen hier die Intensität des archaischen Vorgangs. Es wird von Treue, Anstand und Liebe in einer alten, ungenannten Zeit erzählt. Das ist schon ein Vorgriff auf die spätere Romantik. Und es handelt sich eigentlich, wie schon gesagt, um ein Lied. Davon mehr im nächsten Kapitel.

2.
Das Gedicht ist ein Lied

Wie die menschliche Sprache entstanden ist, wissen wir nicht genau. Charles Darwin hat in seiner Schrift «Die Abstammung des Menschen» (1871) vermutet, die Sprache sei aus dem Singen entstanden. Beweisbar ist das nicht, aber keineswegs absurd, wie neuere Evolutionstheorien zeigen. Demnach stand am Anfang der noch bedeutungslose Laut, der sich allmählich mit anderen Lauten verbunden und mit Bedeutung aufgeladen hat. Man kann den Gedanken plausibel finden, wenn man an die Babysprache denkt. Auch hier stehen das Lallen, das Ausprobieren der Laute und eine Art von Singen am Anfang. Und die Eltern anworten darauf mit jener spielerischen, lautmalerischen und fast inhaltsfreien Sprache, die vielleicht eine Rückkehr zum Ursprung darstellt. Niemand muss diese Sprache lernen, jeder beherrscht sie, wenn die Lage es erfordert, wenn das Kind Trost und Zuspruch dringend benötigt. Dann entsteht ein Lied wie «Hänschen klein / ging allein / in die weite Welt hinein ... ».

Es scheint, als wäre das Singen etwas Ursprüngliches, das der Sprache vorausgeht. Jedenfalls wird damit etwas mitgeteilt (ein Gefühl, eine Stimmung), was nicht gänzlich Sprache werden kann. Denn die Sprache der Wörter ist weitgehend rational, eine bestimmte Lautfolge hat eine bestimmte Bedeutung, die nicht von mir selbst abhängt, sondern von einer im Lauf der Zeit entstandenen kollektiven Verabredung. Bei der Musik ist das anders, allein schon deshalb, weil wir nicht angeben können, was eine bestimmte Tonfolge bedeutet. Mit Mühe können wir ihre Wirkung beschreiben, indem wir verschiedenen Tonarten verschiedene emotionale Charaktere zuschreiben und etwa sagen, ein fröhliches, beschwingtes Lied werde eher in G-Dur daherkommen und ein Requiem vielleicht in d-Moll (wie etwa bei Mozart). Allein, damit ist nicht viel gesagt, denn Musik und Sprache lassen sich nicht wechselseitig übersetzen. Wahr ist immerhin, dass die Musik einen gewaltigen Raum öffnet, der alle Sinne berührt und tiefer reicht als die Sprache. Dass jemand von einem Musikstück zu Tränen gerührt wird, kommt vermutlich häufiger vor, als dass ihn ein Roman zum Weinen brächte. Diese Unbegreiflichkeit und auch Unberechenbarkeit waren wohl der Grund dafür, dass Platon in der «Politeia», in seinem Entwurf für den idealen Staat, der Musik strenge Zügel angelegt wissen wollte.

Das Gedicht nun ist der Ort, wo sich Musik und Sprache begegnen, bis hin zu dem Moment, da die Sprache ihren definitorischen und damit auch herrschsüchtigen Zugriff aufgibt und nur mehr Klanggebilde ist. In dem Wort Lyrik ist der Zusammenhang noch erhalten, denn es geht zurück auf die «lyra», jenes griechische Saiteninstrument, zu dem die Texte (Gedichte) einstmals vorgetragen wurden. Auch heute noch gibt es diese Verbindung von Text und Musik, in der Popmusik, insbesondere im Rap, der ja eine Art Sprechgesang ist, oder bei Poetry-Slams, schließlich in der schon traditionellen Kombination von

Jazz und Lyrik, wofür die Auftritte des Dichters Peter Rühmkorf mit den Musikern Michael Naura und Wolfgang Schlüter ein schönes Beispiel sind.

Wenn Sie sich vergegenwärtigen, dass das Gedicht der Musik benachbart ist – am deutlichsten eben im Lied –, dann können Sie die Bauformen lyrischen Sprechens auch als musikalische begreifen und auf diese Weise besser verstehen. Die kleinste Einheit ist die Silbe, ihr entspricht der Ton. Die nächstgrößere ist der Takt, ihr entspricht das Metrum oder der Versfuß. Bestimmend ist hier die Betonung. Die unbetonte Silbe nennt man, wie Sie gesehen haben, Senkung, die betonte Hebung. Und so wie es in der Musik verschiedene Taktarten gibt, den Dreier- oder den Vierertakt und viele andere, so gibt es in der Lyrik den Jambus, Trochäus, Daktylus und ebenfalls viele andere. Die nächstgrößere Einheit ist dann die Verszeile, und wir messen ihre Länge nach der Anzahl der Takte (Versfüße). Am häufigsten sind die Zahlen drei bis fünf, seltener zwei und sechs (Hexameter). Die größte Einheit ist schließlich die Strophe, deren Verszeilen miteinander formal verbunden sind. Die gebräuchlichste Verbindung ist der Endreim, wovon es wiederum unzählige Variationen gibt, aber hier will ich diesen kleinen Exkurs in die Verslehre vorerst abschließen.

Sie werden sich vielleicht fragen, wofür diese Erbsenzählerei gut sein soll, aber denken Sie bitte erstens an die Musik. Es gibt kein Musikstück, das nicht von klaren Regeln bestimmt würde. Zweitens hat die Singbarkeit eines Textes auch mit seiner rhythmischen Verständlichkeit und Einprägsamkeit zu tun. Sie können die Neujahrsansprache der Bundeskanzlerin normalerweise nicht singen. Und drittens hängt das lyrische Sprechen oder Singen unweiger-

lich mit dem Atmen zusammen. Die Länge eines Atemzugs
steht im Verhältnis zur Länge der Verszeile und umgekehrt, woraus folgt, dass überlange Zeilen von selbst in zwei
Atemhälften zerfallen. (Der Pentameter setzt mit seiner klaren Zäsur von selbst die Atemstelle.)

Das Lied aber nun, da es gesungen werden soll, verträgt
keine allzu aufwendigen Formen und Themen. Es antwortet auf die Not, die dem Menschen im Lauf seines Lebens
begegnet, auf Liebeskummer und alltägliche Sorgen, es
behandelt Krieg und Tod, es feiert den Wechsel der Jahres-
zeiten und die damit verbundenen Feste. Schließlich und
nicht zuletzt dient es dem politischen und konfessionellen
Kampf. Auch wenn das komplizierte Sachverhalte sein mögen: Das Lied bevorzugt die klare Botschaft und die einfache,
einprägsame Form. Oftmals, wie bei «Hänschen klein», haben diese Lieder keinen namentlich bekannten Verfasser,
sie wurden von Generation zu Generation weitergegeben
und dabei nicht selten verändert. Ende des 18. Jahrhunderts
entstand der Wunsch, diese oft anonymen literarischen Gebilde zu sammeln. Man nannte sie Volkslieder oder Volksmärchen und sah darin einen kulturellen Schatz, der das
wahre Fundament aller literarischen Bemühungen darstellen sollte. Johann Gottfried Herder (1744 bis 1803) war der
Erste, der Volkslieder sammelte und darin den Ausdruck
eines kollektiven Bewusstseins und einer ursprünglichen
Kultur erblickte. Er war aber kein Ideologe. Im Gegenteil
waren für ihn die bunten europäischen Volkskulturen ein
«Garten» der Vielfalt. «Die Volkspoesie», so schrieb dann
später der Philosoph und Romantiker Schelling, «lebt gleich-
sam im Stand der Unschuld, die Kunst hat das Bewußtsein.» Es war der Wunsch vieler Romantiker, sich in diesen
Stand der Unschuld zurückzuversetzen oder jedenfalls an

ihm zu partizipieren. Nicht selten vergaßen sie dabei den zweiten Teil des Schelling-Satzes: Kunst ist bewusste Geistestätigkeit, es gibt also eigentlich keinen Weg zurück in die «Volkspoesie», allenfalls deren Nachahmung.

Der romantische Impuls verlagerte seine erlöserhafte Inbrunst ins Kulturelle, und die Kunstreligion wurde zum Ersatz der alten, erstarrten Konfessionen. Zugleich suchte man das Ursprüngliche, das der deutschen Kultur Eigentümliche. Noch gab es ja keine deutsche Nation, aber in diesen Bemühungen lag der Keim einer zunehmend ideologisch verstandenen deutschen Nationalkultur. Einige Romantiker, obwohl sie revolutionär begonnen hatten, wurden teilweise reaktionär, verehrten Napoleon, konvertierten zum Katholizismus und suchten eine Verbindung von Poesie und Politik.

Clemens Brentano und Achim von Arnim jedoch sammelten noch unbefangen Gedichte und Lieder in ihrer Anthologie «Des Knaben Wunderhorn» (1806), die Goethes Beifall fand, und die Brüder Jakob und Wilhelm Grimm fügten die vom Hörensagen aufgelesenen und dann von ihnen redigierten Texte zu der international berühmt gewordenen Sammlung der «Kinder- und Hausmärchen» (1812/19). Wobei man gleich darauf hinweisen muss, dass keineswegs alle dieser Volksmärchen und Volkslieder wirklich authentisch sind. Einigermaßen sorglos rafften Arnim und Brentano alles zusammen, was ihnen in die Hände fiel, darunter auch viele Gedichte ehemals namhafter, dann vergessener Autoren der Barockzeit, die sie nicht selten bearbeiteten. Das folgende Lied aber ist in der Tat unbekannten Ursprungs und zählt zu den schönsten deutschen Volksliedern:

Wenn ich ein Vöglein wär
Und auch zwei Flüglein hätt,
Flög ich zu dir;
Weil's aber nicht kann sein,
Bleib ich allhier.

Bin ich gleich weit von dir,
Bin ich doch im Schlaf bei dir
Und red mit dir;
Wenn ich erwachen tu,
Bin ich allein.

Es vergeht kein Stund in der Nacht,
Da mein Herze nicht erwacht
Und an dich gedenkt,
Daß du mir viel tausendmal
Dein Herze geschenkt.

Wir müssen die zugehörige Melodie gar nicht kennen, um den schönen, leichten Schwung der Verse zu spüren, diesen fliegenden Auftakt, der uns sofort zu jenem Wort trägt, auf dem die ganze Emphase liegt: das Vöglein. Dieselbe Bewegung wiederholt sich in der folgenden Zeile und führt zu den Flügeln. Sie schließt ab in der dritten Zeile, die fast nur ein Hauch ist, ein reiner, argloser, unerfüllbarer Wunsch: «flög ich zu dir». Erstaunlich, wie sich dieser Wörterflug über das Schema des Metrums hinwegschwingt. Streng genommen geht es ja so: Wenn **ich** ein **Vög**-lein wär. So lesen wir aber nicht, sondern: Wenn ich ein **Vög**-lein wär.

Intuitiv ziehen wir die ersten drei Wörter zusammen: «wennichein». Sie können daran sehen, dass gelungene Verse nicht selten das Muster unsichtbar werden lassen. Ganz frei fliegen diese Zeilen, sodass sie den Endreim kaum benötigen. Der Verfasser hat darauf auch nicht allzu sehr geachtet. Vers 1 und 2 haben eine Klangähnlichkeit, bilden aber keinen ordentlichen Reim. Und in der zweiten Strophe reimt sich zunächst alles auf «dir», und das verstehen wir sofort. Es geht ja immer nur um dieses «Du», um die Sehnsucht danach, und diese Sehnsucht ist so stark, dass die kleinen Unebenheiten in Reim und Rhythmus gar nicht mehr auffallen, sie verstärken den Eindruck des Authentischen.

Es ist diese kunstlose Kunst, diese Verbindung von Naivität und starkem Ausdruck, die wir mit dem Begriff Volkslied verbinden. Man kann aber nicht immer leicht ausfindig machen, ob es sich bei einem bestimmten Text um ein von «unten» stammendes Volkslied handelt oder um ein von «oben» stammendes Kunstlied. Ein Beispiel:

Ich hab die Nacht geträumet
wohl einen schweren Traum,
es wuchs in meinem Garten
ein Rosmarienbaum.

Ein Kirchhof war der Garten
ein Blumenbeet das Grab
und von dem grünen Baume
fiel Kron' und Blüte ab.

Die Blüten thät ich sammeln
in einem goldnen Krug,
der fiel mir aus den Händen,
daß er in Stücken schlug.

Draus sah ich Perlen rinnen
und Tröpflein rosenroth,
was mag der Traum bedeuten?
ach Liebster, bist Du todt?

Joachim August Zarnack hat dieses Lied in seiner Sammlung «Deutsche Volkslieder» (1820) veröffentlicht, man nimmt aber an, dass zumindest Teile von dem Dichter August Heinrich Hoffmann von Fallersleben stammen (der übrigens der Verfasser des Deutschlandliedes ist). Wenn er es war, dann hat er den Volksliedton gut getroffen. Die vierzeiligen Strophen haben jeweils nur zwei Reime, je zwei Zeilen sind reimlos. Und der Reim in der zweiten Strophe (Grab – ab) ist nicht ganz korrekt, weil das erste «a» lang, das zweite kurz ist. Diesen kleinen Unbeholfenheiten aber widerspricht ein metaphorisches Überangebot. Zunächst gibt es das Bild des Baumes (wobei auffällt, dass der Rosmarin zwar niedrige Sträucher bilden kann, aber keine regelrechten Bäume), der Garten erscheint als Friedhof, der Baum wirft seine ganze Krone mitsamt den Blüten ab, die Trauernde sammelt sie in einem Krug. Jetzt fällt ihr der Krug aus den Händen, und aus den Scherben quellen Perlen und rote Tropfen. Das ist schon schwer symbolisch. Trotz alledem bleibt es ein schönes Lied, aber es lässt sich nicht übersehen, dass hier ein wahrer Dichter kräftig in die Vorratskiste seiner Bilder gegriffen hat.

Die Raffinesse, mit der die Schriftsteller der Romantik und der nachfolgenden Zeit das scheinbar Simple und Naive kunstvoll kultiviert haben, zeigt sich auch in Brentanos Gedicht «Der Spinnerin Nachtlied» (1802). Mit großer Inbrunst malt Brentano das Bild einer einsamen Liebenden, die an ihrem Webstuhl sitzt und singt und weint (Text und Interpretation siehe Seite 150ff.). Es handelt sich hier eher um Musik als um Literatur, und die soziale Lage dieser vermutlich armen Handarbeiterin spielt noch keine Rolle. Vierzig Jahre später tut sie das für Heinrich Heine sehr wohl. Jetzt sind mit der Industrialisierung die Webmaschinen gekommen und haben nicht nur diese Spinnerin, sondern auch die meisten Weber arbeitslos gemacht, ohnmächtig unterworfen jeder ökonomischen und politischen Willkür. An seinem Gedicht «Die schlesischen Weber» (1844) können wir sehen, wie sich das einstmals harmlose romantische Volkslied politisch radikalisiert:

Im düstern Auge keine Träne,
Sie sitzen am Webstuhl und fletschen die Zähne:
Deutschland, wir weben Dein Leichentuch,
Wir weben hinein den dreifachen Fluch –
Wir weben, wir weben!

Ein Fluch dem Gotte, zu dem wir gebeten
In Winterskälte und Hungersnöten;
Wir haben vergebens gehofft und geharrt,
Er hat uns geäfft und gefoppt und genarrt –
Wir weben, wir weben!

Ein Fluch dem König, dem König der Reichen,
Den unser Elend nicht konnte erweichen,
Der den letzten Groschen von uns erpreßt,
Und uns wie Hunde erschießen läßt –
Wir weben, wir weben!

Ein Fluch dem falschen Vaterlande,
Wo nur gedeihen Schmach und Schande,
Wo jede Blume früh geknickt,
Wo Fäulnis und Moder den Wurm erquickt –
Wir weben, wir weben!

Das Schiffchen fliegt, der Webstuhl kracht,
Wir weben emsig Tag und Nacht –
Altdeutschland, wir weben Dein Leichentuch,
Wir weben hinein den dreifachen Fluch,
Wir weben, wir weben!

Anlass ist der Aufstand der schlesischen Weber im Juni 1844 gegen die Fabrikherren, die sich nicht bereit zeigten, über angemessene Löhne zu verhandeln. Der Aufstand wurde militärisch niedergeschlagen, es gab elf Tote und zahlreiche Verletzte. Karl Marx veröffentlichte Heines Gedicht im «Vorwärts» und ließ es als Flugblatt in einer Auflage von fünfzigtausend Stück verbreiten.

Es ist schon stark, mit welch blasphemischer Wut und geradezu heiligem Zorn Heine gegen die drei Heiligtümer seiner Zeit zu Felde zieht: gegen Gott, König und Vaterland. Alle diese mächtigen Instanzen trifft der Fluch der Aufständischen, und der Refrain «Wir weben, wir weben» ist keineswegs eine abstrakte Drohung: «Altdeutschland, wir weben dein Leichentuch!» Es ist eine Kampfansage, die deutlicher nicht sein könnte. Und jetzt sehen wir auch, welche agitatorischen Kräfte im guten alten Volkslied geschlummert haben, wie sehr seine einfachen, einprägsamen Mittel dazu taugen, Herz und Verstand zu wecken und die Öffentlichkeit zu mobilisieren. Auch dazu kann man ein Gedicht verwenden. Heine konnte das, auch Georg Herwegh, Ferdinand Freiligrath und viele andere. Die Reihe der Dichter, die ihr eigentlich harmloses Handwerk dazu nutzten, einer politischen Idee oder, später, einer Ideologie zum Sieg zu verhelfen, ist seitdem nicht abgerissen, denken wir nur an die lyrischen Helfershelfer des Stalinismus oder des Nationalsozialismus.

Das politische Lied ist aber immer auch als Mittel des Widerstands benutzt worden, und erneut will ich auf Wolf Biermann hinweisen, auf sein «Kleines Lied von den bleibenden Werten» (1972):

I

Die großen Lügner, und was – na, was
Wird bleiben von denen?
Von denen wird bleiben
daß wir ihnen geglaubt haben
Die großen Heuchler, und was – na, was
Wird bleiben von denen?
Von denen wird bleiben
daß wir sie endlich durchschaut haben

II

Die großen Despoten, und was – na, was
Wird bleiben von denen?
Von denen wird bleiben
daß sie einfach gestürzt wurden
Und ihre Ewigen großen Zeiten – na, was
Wird bleiben von denen?
Von denen wird bleiben
daß sie erheblich gekürzt wurden

III

Sie stopfen der Wahrheit das Maul mit Brot
Und was wird bleiben vom Brot?
Bleiben wird davon – na, was? –
daß es gegessen wurde
Und dies zersungene Lied – na, was
Wird bleiben vom Lied?
Ewig bleiben wird davon
daß es vergessen wurde

Dieses Gedicht, eines der «Hetzlieder, Balladen, Gedichte» aus dem Band «Für meine Genossen», erklärt ganz gut, weshalb die «Staats- und Parteiführung» der DDR den Dichter loswerden und ihn 1976 ausbürgern musste. So viel Witz und Wahrheit waren unerträglich.

Das «kleine Lied» ist simpel gebaut, und damit überlistet es den Leser. Die rhetorische Figur, die es sechsmal benutzt, verbindet zwei positive Behauptungen, die einander aufheben. Lügnern wurde geglaubt, Heuchler wurden durchschaut, Führer wurden gestürzt, große Zeiten wurden gekürzt, das Brot wurde gegessen, das Lied wurde vergessen. Das ist die eine Feststellung. Die andere: Gerade das wird bleiben. Es wird bleiben in den Köpfen und in den Herzen, es wird Folgen haben. Das ist nicht einfach weg, die Führer und die Heuchler sind es nicht und auch das Lied nicht. Das Lied wurde zwar vergessen, aber das Vergessen des Liedes bleibt.

Die großen Zeiten wurden zwar gekürzt, aber es bleibt von ihnen, dass es eine Zeit gab, in der viele, und nicht bloß Biermann und nicht bloß die Intellektuellen der DDR, an die großen Zeiten geglaubt haben. Die kleine Abweichung vom Rhythmus in der vorletzten Zeile («Ewig bleiben wird davon») korrespondiert mit den «Ewigen großen Zeiten» und will sagen: Die Sehnsucht nach den großen Zeiten wird immer wieder aufbrechen, weil die Menschen es ohne Utopie schwer aushalten, weil die Wirklichkeit die Utopie als ihren Widerspruch hervorbringt, und es wird neue Illusionen geben, neue Lügen, neue Führer. Und deshalb werden auch die schlichten Wahrheiten dieses Liedes immer wieder vergessen werden. Das bleibt. Vielleicht haben Sie die Chance, das Lied auf einer Schallplatte gesungen zu hören. Biermann begleitet sich selbst auf dem Harmonium, mit dröhnendem Bass stellt er die Fragen, mit kleinlaut gequetschter Stimme gibt er die Antworten.

Es ist aber das Lied auch schon früher ein Mittel des Kampfes gewesen, und zwar in den konfessionellen Kriegen der Reformationszeit und danach. Es ging zunächst gar nicht um die richtige Politik, sondern um den rechten Glauben, und das Kirchenlied wurde zu einem stärkenden Mittel, sich der eigenen Überzeugung zu versichern. Luthers Lied «Ein feste Burg ist unser Gott» ist ein prominentes Beispiel dafür. Das Kirchenlied war aber auch der Schauplatz fortwährender und selbst durch den Westfälischen Frieden 1648 längst nicht beendeter Konflikte. Sie spiegelten sich in einer wachsenden Kirchenliedproduktion, auch bei den Katholiken, deren Liturgie ja ursprünglich gar keinen Platz hatte für etwelche von der Gemeinde gesungenen Lieder. Philipp Wackernagels Sammlung deutscher Kirchenlieder (1864 bis 1877) weist für das 16. Jahrhundert 470 katholische und 3700 protestantische auf, und eine spätere Sammlung, herausgegeben von Albert Fischer und Wilhelm Tümpel («Das deutsche evangelische Kirchenlied des 17. Jahrhunderts», 1904 bis 1916), fügt weitere dreitausend protestantische hinzu.

Das ist ein noch kaum wirklich wahrgenommener Teil der Literaturgeschichte, der hier allenfalls angedeutet werden kann. Nur relativ wenige der zahllosen Autoren haben in den Anthologien überlebt, und einer der wichtigsten davon ist zweifellos der Dichter Paul Gerhardt, dessen Lied «O Haupt voll Blut und Wunden» (1656) bis heute noch regelmäßig gesungen wird (es geht übrigens zurück auf einen lateinischen Text aus dem 13. Jahrhundert). Von den insgesamt zehn Strophen zitiere ich hier lediglich diese fünf:

O Haupt voll Blut und Wunden,
Voll Schmerz und voller Hohn!
O Haupt, zum Spott gebunden
Mit einer Dornenkron!
O Haupt, sonst schön gezieret
Mit höchster Ehr und Zier,
Itzt aber höchst schimpfieret;
Gegrüßet seist du mir! [...]

Die Farbe deiner Wangen,
Der roten Lippen Pracht
Ist hin und ganz vergangen;
Des blassen Todes Macht
Hat alles hingenommen,
Hat alles hingerafft,
Und daher bist du kommen
Von deines Leibes Kraft.

Nun was du, Herr, erduldet,
Ist alles meine Last;
Ich hab es selbst verschuldet,
Was du getragen hast.
Schau her, hier steh ich Armer,
Der Zorn verdienet hat,
Gib mir, o mein Erbarmer,
Den Anblick deiner Gnad. [...]

Ich danke dir von Herzen,
O Jesu, liebster Freund,
Für deines Todes Schmerzen,
Da du's so gut gemeint.
Ach gib, daß ich mich halte

Zu dir und deiner Treu,
Und, wann ich nun erkalte,
In dir mein Ende sei.

Wann ich einmal soll scheiden,
So scheide nicht von mir!
Wann ich den Tod soll leiden,
So tritt du dann herfür:
Wann mir am allerbängsten
Wird um das Herze sein,
So reiß mich aus den Ängsten
Kraft deiner Angst und Pein.

Selbst christlichen Lesern wird diese erotisch getönte Inbrunst seltsam vorkommen. Wir sind es nicht gewohnt, Jesus derart als konkretes, fleischliches Wesen wahrzunehmen (wenn überhaupt), aber Gerhardt malt nur aus, was wir in den Kreuzesdarstellungen des Barock überall sehen können. Sein Lied ist ein Gebet, ein Glaubensbekenntnis und als solches ein theologischer Programmtext. Es wiederholt in vielen Variationen denselben Gedanken, weswegen es nicht weiter auffällt, dass oben die Hälfte der Strophen fehlt. Das Gedicht könnte auch wesentlich länger sein, das Gesamtbild bliebe unverändert.

Das eindringliche Bild des Kreuzestodes erinnert an die Verheißung, dass mit diesem Selbstopfer die ewige Kette von Mord und Gewalt ein für alle Mal unterbrochen und damit die Schuld der Menschen getilgt würde. Der Anblick des gemarterten Christus aber führt das «Ich» dieses Liedes zum Eingeständnis fortwährender eigener Schuld. Im reue- und hoffnungsvollen Zwiegespräch mit Gott versichert es sich seines Glaubens. Diese tröstliche Botschaft wird ebenso inbrünstig wie suggestiv bebildert, und man kann sehen, wie kunstvoll und präzise Gerhardt gearbeitet hat. Seine rhetorischen Mittel haben bewirkt, dass dieses Lied bis heute unvergessen ist, auch wenn vermutlich vielen, die es heute singen, das eigentlich Gemeinte undeutlich oder fremd bleibt. Das Merkwürdige ist nun, dass die Melodie dazu von Hans Leo Hassler aus dem Jahr 1601 stammt und eigentlich für einen anderen Text komponiert worden war, für das Liebeskummerlied eines unbekannten Verfassers: «Mein Gmüt ist mir verwirret / das macht ein Jungfrau zart.» Sie können daran sehen, dass die Beziehung zwischen Lyrik und Musik, die ja im Lied scheinbar am engsten ist, etwas durchaus Einseitiges hat. Die Musik ist gegenüber Inhalten relativ gleichgültig.

Wir können dieses Kapitel nicht schließen, ohne auf eines der schönsten deutschen Lieder hinzuweisen, das ebenfalls etwas Frommes hat, jetzt aber ins vertraut Alltägliche hinein gemildert:

> Der Mond ist aufgegangen
> Die goldnen Sternlein prangen
> Am Himmel hell und klar;
> Der Wald steht schwarz und schweiget,
> Und aus den Wiesen steiget
> Der weiße Nebel wunderbar.

> Wie ist die Welt so stille,
> Und in der Dämmrung Hülle
> So traulich und so hold!
> Als eine stille Kammer,
> Wo ihr des Tages Jammer
> Verschlafen und vergessen sollt.

Seht ihr den Mond dort stehen? –
Er ist nur halb zu sehen,
Und ist doch rund und schön!
So sind wohl manche Sachen,
Die wir getrost belachen,
Weil unsre Augen sie nicht sehn.

Wir stolze Menschenkinder
Sind eitel arme Sünder,
Und wissen gar nicht viel;
Wir spinnen Luftgespinste,
Und suchen viele Künste,
Und kommen weiter von dem Ziel.

Gott, laß uns *dein* Heil schauen,
Auf nichts Vergänglichs trauen,
Nicht Eitelkeit uns freun!
Laß uns einfältig werden,
Und vor dir hier auf Erden
Wie Kinder fromm und fröhlich sein!

Wollst endlich sonder Grämen
Aus dieser Welt uns nehmen
Durch einen sanften Tod!
Und, wenn du uns genommen,
Laß uns in Himmel kommen,
Du unser Herr und unser Gott!

So legt euch denn, ihr Brüder,
In Gottes Namen nieder;
Kalt ist der Abendhauch.
Verschon uns, Gott! mit Strafen,
Und laß uns ruhig schlafen!
Und unsern kranken Nachbar auch!

Dieses Abendlied, Abendgebet hat der große Matthias Claudius 1771 gedichtet und sich dabei offenbar von Paul Gerhardts Gedicht «Nun ruhen alle Wälder» inspirieren lassen. Aber während bei Gerhardt die Natur allenfalls eine Kulisse ist, wird sie bei Claudius zum wesentlichen, fast handelnden Element. «Der Wald steht schwarz und schweiget», heißt es, und dann steigt aus den Wiesen der weiße Nebel, der Mond ist zu sehen, was dem Ganzen etwas Bedrohliches gibt, denn am Ende ist vom kalten Abendhauch die Rede. Ein Hauch von Todesahnung liegt über allem, das Gefühl der Vergeblichkeit des irdischen Strebens. Die dunkle Seite aber ist eingebettet in einen christlichen Trost, der sich auch auf den «kranken Nachbar» erstreckt. Diese letzte Zeile ist vielleicht die schönste, weil sie etwas ganz unmittelbar Anrührendes hat. Aber das ganze Lied besitzt jene höhere Einfalt, die ein Produkt von Erfahrung und Weisheit ist, jene Intensität des Klanges und der Bilder, die auch einem großen Dichter wie Claudius nur in einer begnadeten Stunde zuteilgeworden sein kann.

3.
Das Gedicht ist ein Gefühl

Ist das Gedicht ein Gefühl? Wer Gedichte aus seinen jungen Tagen des Sturms und Drangs in der Schublade liegen hat (es gibt vermutlich Abermillionen solcher Herzensbekenntnisse), wird die Frage bejahen. Was sind denn Gedichte, wenn sie nicht einem drängenden, oft namenlosen Gefühl Ausdruck verleihen? Jeder Dichter aber, der seine Sache ernst nimmt, wird Einspruch erheben und sagen: Gefühle hat schließlich jeder, aber Gedichte schreiben ist doch noch was anderes. Rainer Maria Rilke jedenfalls lässt in den «Aufzeichnungen des Malte Laurids Brigge» (1910) seinen Helden wie folgt sprechen (der junge Mann befindet sich in Paris und betrachtet die Welt wie ein befremdliches Ereignis, er ist ein Dichter, hat schon einige «Verse» geschrieben, aber sie scheinen ihm nichts wert):

«Verse sind nicht, wie die Leute meinen, Gefühle (die hat man früh genug), – es sind Erfahrungen. Um eines Verses willen muß man viele Städte sehen, Menschen und Dinge, man muß die Tiere kennen, man muß fühlen, wie die Vögel fliegen, und die Gebärde wissen, mit welcher die kleinen Blumen sich auftun am Morgen. Man muß zurückdenken können an Wege in unbekannten Gegenden, an unerwartete Begegnungen und an Abschiede, die man lange kommen sah, [...] an Kinderkrankheiten, die so seltsam anheben mit so vielen tiefen und schweren Verwandlungen, an Tage in stillen, verhaltenen Stuben und an Morgen am Meer, an das Meer überhaupt, an Meere, an Reisenächte, die hoch dahinrauschten und mit allen Sternen flogen, – und es ist noch nicht genug, wenn man an alles das denken darf. Man muß Erinnerungen haben an viele Liebesnächte, von denen keine der andern glich. [...] Aber auch bei Sterbenden muß man gewesen sein, muß bei Toten gesessen haben in der Stube mit dem offenen Fenster und den stoßweisen Geräuschen. Und es genügt auch noch nicht, daß man Erinnerungen hat. Man muß sie vergessen können, wenn es viele sind, und man muß die große Geduld haben, zu warten, daß sie wiederkommen. Denn die Erinnerungen selbst *sind* es noch nicht. Erst wenn sie Blut werden in uns, Blick und Gebärde, namenlos und nicht mehr zu unterscheiden von uns selbst, erst dann kann es geschehen, daß in einer sehr seltenen Stunde das erste Wort eines Verses aufsteht in ihrer Mitte, und aus ihnen ausgeht.»

Malte Laurids Brigge hat recht. Und doch: Dürfen wir das, was er da erzählt vom Rauschen der Meere, von den Liebesnächten und von den tiefen Verwandlungen der Kindheit, nicht auch Gefühl nennen? Ja, es sind die Erinnerungen, es sind die Erfahrungen, die am Ende zählen, und nicht bloß die Stimmungen des Augenblicks. Aber das Gedicht ist auch ein Mittel, dem Unsagbaren oder schwer zu Fassenden Sprache zu verleihen, und was ist schwerer zu fassen als ein Gefühl?

Es gibt da dieses Gespräch im Garten, wo Gretchen dem
Faust die berühmte Frage stellt: «Wie hältst Du's mit der
Religion»? und Faust, der ja nur das eine will, ausweichend
und feige antwortet: «Nenn's Glück! Herz! Liebe! Gott!
Ich habe keinen Namen dafür! Gefühl ist alles.» Nun ist
Faust kein guter Gewährsmann, weil er dem Ernst Gret-
chens nur auf versteckt-frivole Weise zu antworten vermag,
aber der Gedanke, dass wir das, wofür wir noch keinen
Namen haben, Gefühl nennen können, hat im Gedicht
seinen eigentlichen Ort. Und Gefühle sind ja nicht allein
dramatische Ereignisse, sondern oft auch zarte, scheinbar
unbedeutende Anwehungen eines Augenblicks wie etwa
in diesem Gedicht des amerikanischen Dichters William
Carlos Williams (1883 bis 1963) – dazu die Übersetzung
von Hans Magnus Enzensberger:

This Is Just to Say	Nur damit du Bescheid weißt
I have eaten	Ich habe die Pflaumen
the plums	gegessen
that were in	die im Eisschrank
the icebox	waren
and which	du wolltest
you were probably	sie sicher
saving	fürs Frühstück
for breakfast	aufheben
Forgive me	Verzeih mir
they were delicious	sie waren herrlich
so sweet	so süß
and so cold	und so kalt

Hier dürfen Sie nun alles vergessen, was Sie sich aus der Versschule gemerkt haben, hier gibt es keinen Reim, kein Metrum, kein Symbol, keine Metapher, weder Sing und Sang noch Kling und Klang. (Die deutsche Wendung «fürs Frühstück» hat, gemessen am Original, mit ihrem dreifachen «ü» fast schon zu viel vom selben Ton.)

Man kann diese Bescheidenheit ärmlich finden und fragen, was das Ganze soll. Es will ja auch nicht viel, es will nur einen kleinen alltäglichen Augenblick festhalten, und festgehalten muss er werden, weil er kostbar war, kostbar und vergänglich. Denn die Pflaumen, die herrlichen, sind ja nun weg. Und jeder, der das liest, denkt an ähnliche kostbare Augenblicke, die er vielleicht vergessen hat. Dieses Gedicht erinnert ihn an sie. Und etwas kommt hinzu: Ein anderer Mensch, eine zweite Person, die Ehefrau wahrscheinlich, es könnte aber auch die Mutter oder der Großvater sein oder der Freund, denn wir wissen ja nicht, wer da spricht, eine zweite Person wird einbezogen, liebevoll eigentlich, denn der Sprecher bittet um Entschuldigung, er hinterlässt diesen erklärenden Zettel, und vielleicht ist dieser Zettel fast so etwas wie ein Liebesbrief. Hier ist ein ästhetischer Umsturz passiert: Das moderne Gedicht nimmt auf dezidiert lakonische Weise Abschied von den großen Gesten und den großen Gefühlen, es reduziert sich selbst aufs Äußerste, und siehe da, der Alltag beginnt plötzlich zu leuchten.

Von einem ähnlich flüchtigen und kostbaren Gefühl handelt das folgende Gedicht von Rolf Dieter Brinkmann (wobei Brinkmann hier, wie er es oft tut, die erste Gedichtzeile als Überschrift nimmt und dann sofort weitergeht):

Einen jener klassischen

schwarzen Tangos in Köln, Ende des
Monats August, da der Sommer schon

ganz verstaubt ist, kurz nach Laden
Schluß aus der offenen Tür einer

dunklen Wirtschaft, die einem
Griechen gehört, hören, ist beinahe

ein Wunder: für einen Moment eine
Überraschung, für einen Moment

Aufatmen, für einen Moment
eine Pause in dieser Straße,

die niemand liebt und atemlos
macht, beim Hindurchgehen. Ich

schrieb das schnell auf, bevor
der Moment in der verfluchten

dunstigen Abgestorbenheit Kölns
wieder erlosch.

Zunächst hat man den Eindruck, der Autor habe einige
Prosasätze bloß in Verszeilen gestückelt, aber das täuscht.
Zwar gibt es auch hier keinen Reim und kein Metrum, aber
beachten Sie die Anfänge der Zeilen, die ja ein Gewicht
haben, eben weil sie der Anfang sind: Da folgt auf die
«schwarzen Tangos» die Bestimmung «ganz verstaubt» und
dann die «dunkle Wirtschaft», es wird also eine triste Szenerie angedeutet, die am Ende in der verächtlichen Wendung
von der «verfluchten / dunstigen Abgestorbenheit Kölns»

gipfelt. Dem stehen die Zeilenanfänge «ein Wunder» und «Aufatmen» entgegen. Das ist der Augenblick einer Erscheinung, eines Leuchtens im Alltag, gleich dreimal fällt das Wort «Moment», und der Dichter will sein Erlöschen verhindern, indem er das aufschreibt. Und zugleich gewinnt dieses Bild eine sehr anschauliche, zeitbezogene Deutlichkeit: Es ist ein heißer Tag in Köln, es gibt diese Griechenkneipe (die Griechen gehörten zu den ersten Immigranten in den Sechzigerjahren, sie wurden Gastarbeiter genannt, und sie prägten sich den noch provinziellen Bundesbürgern dadurch ein, dass einige von ihnen Restaurants eröffneten, wo es Zaziki und Moussaka zu essen gab, wovon kaum jemand vorher etwas gehört hatte). Dieser Grieche nun spielt nicht etwa einen Sirtaki oder etwas Ähnliches, sondern ausgerechnet einen Tango. Das waren die ersten Anzeichen multikultureller Durchmischung in der alten BRD.

Brinkmann, geboren 1940 in Vechta, gestorben 1975 nach einem Verkehrsunfall in London, ist der wichtigste Autor einer neuen, antitraditionellen und antibürgerlichen, stark an amerikanischen Vorbildern orientierten Poesie Ende der Sechziger-, Anfang der Siebzigerjahre des vergangenen Jahrhunderts. Sein Tagebuch «Rom, Blicke» (erschienen nach seinem Tod 1979) ist das Dokument eines radikalen, poetischen Anarchismus, und der Band «Westwärts 1 & 2» (1975), aus dem das zitierte Gedicht stammt, ist schiere Opposition gegen ein besserwisserisches, literarisch gebildetes Tantentum, das dem aus kleinbürgerlichen Verhältnissen stammenden Autodidakten Brinkmann schon bald auf die Nerven fiel. Eines seiner Gedichte trägt dann doch einen Titel und heißt «Ein Gedicht». Ich zitiere Auszüge daraus (es hat 24 Strophen):

Hier steht ein Gedicht ohne einen Helden.
In diesem Gedicht gibts keine Bäume. Kein Zimmer
zum Hineingehen und Schlafen ist hier in dem
Gedicht. Keine Farbe kannst du in diesem

Gedicht hier sehen. Keine Gefühle sind
in dem Gedicht. Nichts ist in diesem Gedicht
hier zum Anfassen. [...]

Das Gedicht hier macht keine
Versprechungen. In dem Gedicht stirbt auch keiner.
In diesem Gedicht spürst du keinen Hauch. Es gibt
keinen Laut der Freude in dem Gedicht hier. Kein
Mensch ist in dem Gedicht hier verzweifelt. Hier

in dem Gedicht ist es ganz still. Niemand
klagt in diesem Gedicht. Niemand redet hier
in dem Gedicht. Hier in diesem Gedicht schlagen
sich auch keine Arbeiter wund. Das Gedicht hier

steht einfach nur hier. Es enthält keine Schlüssel
zum Aufschließen von Türen. [...]

Hier in dem Gedicht kannst du nicht küssen.
Hier in diesem Gedicht wird auch nicht gepißt. Du
kannst mit diesem Gedicht nichts anfangen. Das
Gedicht besteht aus lauter Verneinungen. Die

Verneinungen in diesem Gedicht werden immer mehr.
Hier gibts keinen Kiff in dem Gedicht. In diesem
Gedicht lacht kein Mensch. Das Gedicht kennt keine
Arbeit. Niemand sieht in diesem Gedicht Fernsehen.

Das Gedicht trägt keine Uhr. Das Gedicht ist nicht
zeitlos. Es braucht soviel Zeit, wie du brauchst,
um das Gedicht hier zu lesen. Kein Wasserhahn
tropft in dem Gedicht hier [...]

[...] Es ist nicht Montag,
Samstag und Sonntag in hier dem Gedicht. Das Gedicht
hier ist nicht die Verneinung von Montag oder
Donnerstag. Das Gedicht hört hier einfach auf.

Die eingangs aufgestellte Behauptung, das Gedicht sei (unter anderem) auch Ausdruck eines Gefühls, wird hier wütend widerlegt – und zugleich eindrucksvoll bestätigt. Denn natürlich erzählt diese trotzige Litanei auch von der Verzweiflung, dass all die Gefühle und Erfahrungen, all die Bilder und Erinnerungen, die jemand, der so empfindungsfähig, empfindungskrank war wie Brinkmann, im Kopf hat und mehr noch im Körper, dass all das eben nicht taugt für ein Gedicht. Denn das Gedicht ist der Ort der falschen Gefühle, der falschen Worte, es ist verbraucht, abgestorben, es muss neu erfunden werden. Das Tango-Gedicht (und auf andere Weise das Williams-Gedicht von den Pflaumen) ist nichts anderes als der Versuch, dem Gedicht eine neue, unverbrauchte Form zu geben.

Warum muss das sein? Es gibt in der kulturellen Überlieferung Phänomene der Abnutzung. So wie man vielleicht Beethovens fünfte Symphonie nicht mehr hören kann, weil einem dieses dramatische Getöse – diese Schicksalsschläge «dadada-daa» – zu vertraut, zu verbraucht scheint, so kann man auch gegen bestimmte Wendungen der Sprache, die ja noch spürbarer unter ihrem alltäglichen Verschleiß leidet, wenn man nur genau hinhört, allergisch werden. Wer zum ersten Mal ganz unschuldig Herz auf Schmerz reimte, der fügte etwas zusammen, was leider manchmal zusammenkommt, eben das Herz und der Schmerz, und er drückte damit etwas unmittelbar Einsichtiges aus. Beim zehnten oder hundertsten Mal aber bleiben nur noch das Klischee und das schale Gefühl, hier werde etwas vorgetäuscht. Denn Literatur hat immer auch mit Wahrheit zu tun, mit der Wahrheit eines Gedankens, einer Erfahrung, eines Gefühls; und Wahrheit wiederum hängt zusammen mit dem, was wir authentisch nennen. Es soll beglaubigt sein durch jemanden, der es wirklich erlebt hat und – darauf kommt es an – der es so mitzuteilen versteht, dass wir es wie von Neuem erfahren. Daher kommt das Bedürfnis nach dem Neuen in der Literatur. Ziemlich oft jedoch passiert es, dass uns alte, veraltet scheinende Formen auf einmal wieder, da wir sie vergessen haben, wie ganz frisch vorkommen. Das Problem der Abnutzung ist nur ein Problem der Rezeption, also von uns Lesern. Die Werke selbst bleiben davon unberührt. Sie verschwinden (für uns) eine Weile, wenn wir nicht bereit sind für sie, um dann irgendwann später unvermutet aufzutauchen.

Brinkmann jedoch, und sein Name steht hier für viele Dichter, hatte ein genaues Gespür für das latent Verlogene, das hinter einer routinierten, formelhaft gewordenen lyrischen Sprache oftmals steckt. Und deshalb spielt er an einer Stelle auf Goethe an: «In diesem Gedicht spürst du keinen Hauch.» Das ist die hochmütig-ironische Ablehnung einer zur Doktrin erstarrten Aufassung des Klassischen, wie sie den Deutschunterricht nach dem Krieg nicht selten beherrscht hat. Zum Vergleich nun Goethes Gedicht «Ein Gleiches», geschrieben 1780, also rund zweihundert Jahre vor Brinkmann:

Über allen Gipfeln
Ist Ruh,
In allen Wipfeln
Spürest du
Kaum einen Hauch;
Die Vögelein schweigen im Walde.
Warte nur, balde
Ruhest du auch.

Hier nun endlich wieder der schöne Trost der beherrschten Form, nicht mehr die harsche Willkür des modernen Subjekts. Wenn wir aber diese nun wahrlich berühmten Zeilen mit den oben zitierten vergleichen, dann fällt auf, dass sie nicht allein den Augenblick der Empfindung beschreiben, und es ist ja so gesehen kein Unterschied, ob jemand Pflaumen isst oder durch den Wald wandert oder den Tango einer Griechenkneipe hört, sondern dass sie gleich ins Lehrhafte, Beispielhafte übergehen, geradezu zwanghaft, denn wenn wir uns nicht blind stellen und annehmen wollen, dem angeredeten «Du» werde ein erquicklicher Mittagsschlaf versprochen, dann müssen wir zugeben, dass hier ziemlich abrupt eine Todeswarnung ausgesprochen wird, was ja nie falsch ist, aber hier doch etwas ungereimt daherkommt. Das wiederum hat damit zu tun, dass der Reim es nahelegt.

Ist das ein triftiger Einwand? Er setzt den Gedanken voraus, dass von einem wahren Gefühl nur die Rede sein kann, wenn es unmittelbar und also ungeschönt zum Ausdruck kommt, und wir kämen, wenn wir so argumentieren wollten, in die Nähe des Todes, nämlich jener im zweiten Kapitel zitierten Figur aus dem Traktat «Der Ackermann aus Böhmen», die ja das Glaubhafte einer Empfindung daran misst, wie authentisch sie erscheint. Wie authentisch aber kann etwas sein, das gereimt daherkommt und sich offenkundig einer Kunstanstrengung verdankt? Es sieht so aus, als müssten wir gründlicher darüber nachdenken, was wir damit sagen wollen, wenn wir sagen, das Gedicht sei ein Gefühl. Im Gedicht gewinnt ein Gefühl offenkundig sprachliche Gestalt, und zwar nicht irgendeine, sondern eine geformte, reflektierte. Andernfalls ginge es ja nur um die schlichte Mitteilung eines momentanen Empfindens, eines alltäglichen («Ich fühle mich nicht gut») oder eines pathetischen («Ich liebe dich»). Indem aber ein Gefühl zur sprachlich geformten Gestalt findet und am Ende Literatur wird oder werden kann, gerät es in einen Zusammenhang des Sprechens und Schreibens über Gefühle, es bezieht sich, unbewusst oder wissentlich, auf eine bestimmte Tradition. Diese Tradition ist unweigerlich durch den sozialen, historischen, kulturellen Augenblick definiert, in dem das Gefühl formuliert werden soll.

Die Gedichte von Williams und Brinkmann beziehen sich auf diese Tradition, indem sie ihr widersprechen und dadurch eine neue begründen. Die im zweiten Kapitel zitierten Lieder – ob «Ich hab die Nacht geträumet» oder «O Haupt voll Blut und Wunden» –, die ja auch ein Gefühl, ein religiöses oder ein erotisches, ausdrücken, beziehen sich ebenfalls auf einen kulturellen, literarischen Kontext. Wir können das leicht daran erkennen, dass er uns fremd geworden, jedenfalls nicht mehr selbstverständlich ist. Brinkmanns Tango-Gedicht jedenfalls formuliert beispielhaft das Gefühls-Gefühl einer bestimmten Zeit und einer bestimmten Generation, auch und gerade dadurch, dass es gegen die formalen Erwartungen einer vergangenen Zeit opponiert. Und Goethes «Warte nur, balde» muss man viel-

leicht als eine Art Kompromiss verstehen: Einerseits gilt
noch das Gebot der Sinngebung (das Memento mori),
andererseits bricht man auf zu einer neuen Subjektivität,
zu einer neuen Unmittelbarkeit, die ihren Ort in der Natur
findet, und das heißt, da wir uns in Deutschland befinden,
im Wald.

Eines der bekanntesten Gefühls-Gedichte ist Goethes «Mailied». Er hat es 1771 geschrieben, da war er 21 Jahre alt,
hatte sich eben in Friederike Brion verliebt, hatte Herder
kennengelernt und dessen Interesse für das Volkslied.
Daraus entstand dann auch die im ersten Kapitel zitierte
Ballade «Der König in Thule». Das «Mailied» nun verbindet das Überschwängliche, Enthusiastische eines fri-
schen Verliebtseins (und wir dürfen annehmen, dass er
dabei seine Friederike im Auge hatte) mit einer ebenso
strengen wie melodischen Formgebung. Aber sehen Sie
selbst:

Wie herrlich leuchtet
Mir die Natur!
Wie glänzt die Sonne!
Wie lacht die Flur!

Es dringen Blüten
Aus jedem Zweig
Und tausend Stimmen
Aus dem Gesträuch

Und Freud' und Wonne
Aus jeder Brust.
O Erd, o Sonne!
O Glück, o Lust!

O Lieb', o Liebe!
So golden schön,
Wie Morgenwolken
Auf jenen Höhn!

Du segnest herrlich
Das frische Feld,
Im Blütendampfe
Die volle Welt.

O Mädchen, Mädchen,
Wie lieb' ich dich!
Wie blickt dein Auge!
Wie liebst du mich!

So liebt die Lerche
Gesang und Luft,
Und Morgenblumen
Den Himmelsduft,

Wie ich dich liebe
Mit warmem Blut,
Die du mir Jugend
Und Freud und Mut

Zu neuen Liedern
Und Tänzen gibst.
Sei ewig glücklich,
Wie du mich liebst!

Lassen Sie uns zunächst einen Blick auf das Reimschema werfen. Es lautet x - a - x - a , was bedeutet, dass die erste und dritte Zeile jeder Strophe ungereimt sind, die zweite und vierte aber gereimt. In der zweiten Strophe allerdings reimt Goethe «Zweig» und «Gesträuch». Wie das? Vermutlich deshalb, weil Goethe aus Frankfurt stammt und man dort nicht Zweig sagt, sondern Zweisch.

Die Zahl der Versfüße im «Mailied» ist ungewöhnlich klein, jede Zeile hat nur zwei Hebungen. Wir könnten aber je zwei Zeilen zusammenziehen und hätten dann etwa:

Wie herrlich leuchtet mir die Natur!
Wie glänzt die Sonne! Wie lacht die Flur!

Das wäre ein klassischer vierhebiger Jambus. Indem aber Goethe die Zeilen trennt, verstärkt er die Emphase und kann zum Beispiel den Ausrufen «O Erd', o Sonne! / O Glück, o Lust!» ein größeres Gewicht geben, denn das ganze Lied ist ja ein einziges Ausrufezeichen, ein Begeisterungsschrei, der auch etwas Narzisstisches hat. Der Liebende entzückt sich an seiner eigenen Liebe, er wirft dieses Entzücken auf die Geliebte, die sich ihrerseits an seiner Liebe entzücken soll. Die letzten Zeilen sind ja doppeldeutig. «Sei ewig glücklich, / Wie du mich liebst!»: Das kann, wenn man es unverbunden versteht, heißen: Sei glücklich! Und: Wie schön, dass du mich liebst. Miteinander verbunden ergeben die Zeilen einen zweiten Sinn: Sei froh darüber, dass du mich liebst, du hast Glück, dass ich dich liebe.

Wer ist übrigens mit dem «Du» in der fünften Strophe gemeint («Du segnest herrlich / Das frische Feld»)? Angeredet wird ja immer nur das Mädchen. Hier aber wechselt plötzlich der Adressat, es kann eigentlich nur Gott gemeint sein oder, in Goethes pantheistischem Sinn, ein Gott. Dass das Mädchen die Natur segne, will Goethe wohl nicht sagen. Im Wechsel der Anrede verschränkt er das allgemein Göttliche mit der konkreten Geliebten – und wird Teilhaber eines überirdischen Ereignisses.

Im «Mailied» sehen wir noch den jugendlichen Enthusiasmus des «Sturm und Drang», jener Bewegung Ende des 18. Jahrhunderts, da die Dichter ein neues und unmittelbares (authentisches) Empfinden in den alten Formen zu fassen versuchten. Es waren aber eigentlich keine alten Formen, es waren die als neu empfundenen des Liedes und seiner schlichten und daher einprägsamen Gestalt, und die Dichter nutzten den Reim und das Metrum zur möglichst wirkungsvollen Darstellung und Vorstellung eines Gefühls. Dieses Verfahren wurde dann in der Romantik intensiviert und zugleich ironisiert, wobei Ironie zunächst nicht bedeutet hat, dass man sich distanzierte. Sie eröffnete nur eine zweite Ebene, einen Raum der Reflexion, des doppelten Blicks. Bei den weniger begabten Nachbetern wurden die Herzensergießungen («Herzensergießungen eines kunstliebenden Klosterbruders» hießen kunsttheoretische Erzählungen von Wilhelm Heinrich Wackenroder und Ludwig Tieck 1797) zum Vehikel einer entfesselten Sentimentalität. Heinrich Heine war es dann, der aller naiven oder sich naiv gebenden Gefühlslyrik in seinem Gedicht «Das Fräulein stand am Meere» (1844) den Todesstoß versetzte:

Das Fräulein stand am Meere   Mein Fräulein! sein Sie munter,
Und seufzte lang und bang,   Das ist ein altes Stück;
Es rührte sie so sehre   Hier vorne geht sie unter
Der Sonnenuntergang.   Und kehrt von hinten zurück.

Dass Heine hier abwechselnd weibliche und männliche Zeilenausgänge verwendet, erhöht die Boshaftigkeit. Er könnte ja auch sagen «Das Fräulein stand am Meer» und müsste dann nicht zu einem Reimwort greifen, das es eigentlich gar nicht gibt: «sehre». Dieses pathetische «Meere» und «sehre» aber lässt nichts Gutes ahnen, und in der Tat kriegt das sentimentale Fräulein einen Schock versetzt, mit dem herzlosen Hinweis auf astronomische Gesetzmäßigkeiten.

Bevor wir das Thema Liebe verlassen, sollten wir einen Blick auf eines der ältesten und schönsten Liebesgedichte deutscher Sprache werfen. Es stammt aus dem Ende des 12. Jahrhunderts und klingt auf Neuhochdeutsch etwa:

Du bist mîn,	Du bist mein,
ich bin dîn,	ich bin dein,
des solt du gewis sîn.	dessen sollst du sicher sein.
du bist beslozzen	Du bist verschlossen
in mînem herzen,	in meinem Herzen,
verlorn ist daz sluzzelîn –	verloren ist das Schlüsselein:
du muost ouch immer dar inne sîn.	Du mußt für immer drinnen sein.

Wer immer das geschrieben hat (es war wohl eine Frau, Genaueres wissen wir nicht): Aus den Zeilen spricht ein schönes Formgefühl, dem eine innige, rückhaltlose Liebe korrespondiert. Es gibt hier nur einen einzigen Reim, der das Ganze je zweimal umfasst, und in der Mitte stehen reimlos zwei Wörter: «beslozzen» und «herzen». Mehr kann man nicht sagen, deutlicher auch nicht, und doch wirken die Zeilen fast keusch, unschuldig, ganz so, als wären sie nicht für fremde Augen und Ohren geschrieben (was sie wohl auch nicht waren, denn es handelt sich um einen privaten Brief, gefunden in einer Handschrift). Aber das Private gewinnt hier durch die Kunstform einen objektiven Rang, und wer diese Zeilen seinem Geliebten (seiner Geliebten) guten Gewissens senden kann, darf sich glücklich schätzen.

Wenn wir aber von Gefühlen reden, dann meinen wir nicht nur die schönen oder schön traurigen der Liebe. Es gibt tausend andere, die der Einsamkeit und der Todesangst, des jugendlichen Rausches und des Älterwerdens. Gottfried Benn (1886 bis 1956), der ein Dichter des vorsätzlich kalten Blicks war, der rüden und scheinbar gefühllosen Bilder, war vor allem geprägt von tiefer Melancholie. Der Gedanke der Vergänglichkeit, des Älterwerdens, des Entschwindens und Verschwindens hat ihn in vielen Gedichten beschäftigt. Sein Gedicht «Letzter Frühling» (1954) lautet:

> Nimm die Forsythien tief in dich hinein
> und wenn der Flieder kommt, vermisch auch diesen
> mit deinem Blut und Glück und Elendsein,
> dem dunklen Grund, auf den du angewiesen.
>
> Langsame Tage. Alles überwunden.
> Und fragst du nicht, ob Ende, ob Beginn,
> dann tragen dich vielleicht die Stunden
> noch bis zum Juni mit den Rosen hin.

Benn war ein Formkünstler, keiner hat solche Reime wie er gefunden. Sein Gedicht «Banane» beginnt so:

> Banane, yes, Banane!
> vie méditerranée,
> Bartwichse, Lappentrane:
> vie Pol, Sargassosee:

Dreck, Hündinnen, Schakale
Geschlechtstrieb im Gesicht
und aasblau das Finale –
der Bagno läßt uns nicht.

Man sieht, wie er die Sprachen mischt, ihre fremden Reize
miteinander in Spannung bringt, man sieht auch den bösen, sarkastischen Blick.

In dem Gedicht «Letzter Frühling» aber ist Gottfried Benn
ganz milde, verhalten und zugleich verzweiflungsvoll-trau-
rig über das Alter und das Herannahen des Endes. Mit der
leuchtend gelben Blüte der Forsythien beginnt in unseren
Breiten der Frühling, noch sind die Zweige kahl, noch ist es
winterlich. Wenn wenig später der Flieder blüht, ist der
Frühling auf seinem Höhepunkt, geht über in den Sommer und seine Rosen. Der Dichter spürt, dass seine Tage
gezählt sind (und in der Tat, es war zwar nicht der letzte
Frühling, den Benn erlebte, aber fast – er starb zwei Jahre
danach, 1956), er spürt, dass er die verbleibende Zeit genie-
ßen sollte. Deshalb die Ermahnung: «Nimm die Forsythien
tief in dich hinein…» Dann ist vom Elendsein die Rede,
von dem dunklen Grund, auf den der Dichter angewiesen
sei, vielleicht deshalb, weil dieser dunkle Grund auch die
Quelle seiner Poesie ist. Und nun ermahnt er sich, nicht
über das Vergehen der Zeit nachzudenken, nicht damit zu
hadern, denn dann, vielleicht, ist ihm noch ein Sommer
vergönnt. Die Verzweiflung hat in diesem Gedicht eine
tröstende Form gefunden, der dunkle Grund hat noch einmal einen hellen Blick erlaubt.

Schön ist der Zeilensprung («… vermisch auch diesen /
mit deinem Blut…»), der die trauervolle Geste von den

Blüten des Frühlings zum Gefühl des eigenen Absterbens
führt und beides in einer fließenden Bewegung miteinander verbindet. – Von einem Zeilensprung übrigens, auch
Enjambement, spricht man, wenn der Satz oder die Bedeutungseinheit nicht mit der Zeile endet, sondern in die
nächste überspringt. Dadurch wird der manchmal etwas
mechanisch oder aufdringlich wirkende Reim in einen größeren Zusammenhang eingebunden.

Einem ganz gegenteiligen Gefühl, dem Gefühl jugendlicher
Potenz, hat Rilke in seinem frühen Gedicht «Der Knabe»
(1902 / 03) Ausdruck gegeben:

> Ich möchte einer werden so wie die,
> die durch die Nacht mit wilden Pferden fahren,
> mit Fackeln, die gleich aufgegangnen Haaren
> in ihres Jagens großem Winde wehn.
> Vorn möcht ich stehen wie in einem Kahne,
> groß und wie eine Fahne aufgerollt.
> Dunkel, aber mit einem Helm von Gold,
> der unruhig glänzt. Und hinter mir gereiht
> zehn Männer aus derselben Dunkelheit
> mit Helmen, die, wie meiner, unstät sind,
> bald klar wie Glas, bald dunkel, alt und blind.
> Und einer steht bei mir und bläst uns Raum
> mit der Trompete, welche blitzt und schreit,
> und bläst uns eine schwarze Einsamkeit,
> durch die wir rasen wie ein rascher Traum:
> Die Häuser fallen hinter uns ins Knie,
> die Gassen biegen sich uns schief entgegen,
> die Plätze weichen aus: wir fassen sie,
> und unsre Rosse rauschen wie ein Regen.

Man sieht den pubertären Drang, die schwärmerischen
Sehnsüchte eines Knaben, Träume von Macht und Geschwindigkeit, von Kühnheit und Abenteuer. Dann dieses
männerbündische, kriegerische Gehabe mit erotischem
Beigeschmack: «Vorn möcht ich stehen wie in einem
Kahne, / groß und wie eine Fahne aufgerollt.» Und dann
ein geradezu prasselndes Metapherngestöber, niedergegan-
gen aus ziemlich dunklen und mächtig aufgeregten Wolken. Fackelzüge von Männern mit Helmen – der Traum
ging einmal in Erfüllung, und wollten wir ihn moderner
fassen: Black Angels, die auf ihren Harleys nächtliche Vor-
städte unsicher machen, wären auch keine wesentlich
angenehmere Vorstellung. Dieses Gedicht des jungen Rilke
ist etwas obskur. Aber ist es nicht wunderbar? Mit ver-
blüffender Unerschrockenheit sattelt Rilke sein Pferd, das
immerzu die Sprache ist, und jagt es durch den Wald der
Bilder, bis alles nur noch atemlose Bewegung ist, ein
Beschleunigungsrausch, der in diesem Gedicht zum zit-
ternden Stillstand kommt – so wie die Speichenräder der
Kutsche im Wildwestfilm plötzlich im Lauf zu verharren
scheinen.

«Der Knabe» ist, noch bevor der Film begann, eine
Filmszene, und er ist, noch bevor die kriegerische Technik
der Akzeleration im Kino, auf der Straße und in der Luft
ihre Triumphe feierte, eine Vorwegnahme jenes rasenden
Vorwärtsdrangs, der die Epoche beherrscht und ästhetisch
erst viel später in Expressionismus und Futurismus seinen
riskanten Ausdruck findet. Bei Rilke ist das Risiko sprachlich gebändigt. Zwar wird die Energie entfesselt, aber noch
begriffen in der Form einer Knabenfantasie; zwar toben
schon die Kräfte der modernen Zeit, aber noch stammen
die Bilder aus der alten: Pferde und ein Kahn, Helme und

eine Trompete. Nicht also die Rakete, nicht das Funkgerät und die Kamera. Aber der Effekt ist schon da: «Die Häuser fallen hinter uns ins Knie, / die Gassen biegen sich uns schief entgegen, / die Plätze weichen aus: wir fassen sie …» Schon also sehen wir den Geschwindigkeitswahn der Moderne, der uns Gewohnheitstiere manchmal im unachtsamen Moment erwischt, da wir plötzlich die Empfindung haben, als stünde alles still.

Geschwindigkeit ist relativ. Für Rilke war «Der Knabe» (er schrieb das Gedicht im Alter von etwa 27 Jahren) eine Prager Erinnerung. Wer heute, von irgendeinem Autobahnzubringer oder Terminal kommend, die Prager Altstadt betritt und die Gassen des Häusergewirrs durchquert, diesen erstarrten Aufmarsch von Geschichte und Geschichten, wer im raschen Blick plötzlich seiner Richtung unsicher wird und schneller ausschreitet, dem biegen sich die Gassen tatsächlich schief entgegen, und die ohnedies schiefen Häuser fallen hinter ihm ins Knie. Prag erscheint als optische Täuschung. Gering an Fläche suggeriert die Stadt permanent Größe. Sie ist das Legoland der europäischen Geschichte: an jeder Ecke eine neue Epoche. Rilke verbrachte dort seine Kindheit und ein paar Jahre seines Schüler- und Studentendaseins. Man hat gesagt, Prag sei das Laboratorium der Moderne, und dafür spricht schon der Name Kafka. Aber auch dieses Gedicht spricht dafür. Es beschreibt ein Lebensgefühl auf sehr moderne Weise.

Der Österreicher Georg Trakl war etwa im selben Alter wie Rilke, als er sein Gedicht «Grodek» (1914) schrieb, 27 Jahre alt, Sanitäter an der Front, und er erlebte in der ukrainischen Stadt Gródek die Grauen des Ersten Weltkrieges. Er sah die Schwerverwundeten und die Sterbenden, hatte keine Chance, ihnen zu helfen, da es an allen medizinischen Mitteln mangelte, und erlitt einen Nervenzusammenbruch. Kurz darauf starb er an einer Überdosis Kokain.

Am Abend tönen die herbstlichen Wälder
Von tödlichen Waffen, die goldnen Ebenen
Und blauen Seen, darüber die Sonne
Düstrer hinrollt; umfängt die Nacht
Sterbende Krieger, die wilde Klage
Ihrer zerbrochenen Münder.
Doch stille sammelt im Weidengrund
Rotes Gewölk, darin ein zürnender Gott wohnt
Das vergoßne Blut sich, mondne Kühle;
Alle Straßen münden in schwarze Verwesung.
Unter goldnem Gezweig der Nacht und Sternen
Es schwankt der Schwester Schatten durch den schweigenden Hain,
Zu grüßen die Geister der Helden, die blutenden Häupter;
Und leise tönen im Rohr die dunkeln Flöten des Herbstes.
O stolzere Trauer! ihr ehernen Altäre
Die heiße Flamme des Geistes nährt heute ein gewaltiger Schmerz,
Die ungebornen Enkel.

Dies ist wohl eines der fürchterlichsten Gedichte deutscher Sprache, und wenn Schmerz und Tod sprachliche Gestalt gewinnen können, und zwar so, dass sie dem wirklichen Schmerz und dem wirklichen Tod nahekommt, dann ist das hier der Fall. Kein Reim, der etwas versöhnen könnte (der Reim ist ja immer auch eine sprachliche Versöhnung), sondern nur ein leise bebender Rhythmus, angedeutete Assonanzen (Gleichklänge wie «tönen die ... Wälder / Von tödlichen Waffen» oder «Es schwankt der Schwester Schatten»), und alles klingt wie ein Requiem, wie ein Trauermarsch, geschmückt mit immer neuen Bildern des Todes.

Die Bilder sind so stark, dass sie das Satz- und Zeilengefüge überlagern. Man merkt das, wenn man die Bezüge genauer betrachtet. Rotes Gewölk sammelt (sich) das vergossene Blut – so etwa könnte der Satz lauten, aber es geht nicht um diesen Satz, denn ein Satz ist ja immer etwas mit Subjekt, Prädikat, Objekt, etwas mit Hand und Fuß, hier aber sind Hand und Fuß verloren und alle Sätze nur noch ein leiser Schrei. Das Bild der geliebten Schwester schiebt sich vor die «blutenden Häupter», aber sie erscheint wie eine Tote, die Bilder verdunkeln sich, bleiben bei sich selbst, ihre ins Alltägliche übersetzbare Bedeutung schwindet, es bleibt der Klang, betörend, verstörend und todesnah. Hier von Gefühl zu sprechen wäre unangemessen, man sieht die Entfernung zwischen Rilkes hochgemutem Knaben und dieser zerstörten Seele.

4.

Das Gedicht ist eine Idee

Sie können Ihre Kartoffelsuppe mit einer Idee Muskat verfeinern, was heißt: mit einer so geringen Menge an Muskat, dass sie schon fast nicht mehr materiell ist. Denn die Idee ist das Immaterielle, der Hauch, sie ist Gedanke, Vorstellung, Botschaft. Gedichte können nicht nur eine Geschichte erzählen, nicht nur ein Lied singen, nicht nur einem Gefühl Form und Ausdruck verleihen, sie können auch eine Lehre enthalten, eine Moral verkünden oder eine Haltung für verbindlich erklären. Erzieherische Absichten sind den meisten Dichtern heutzutage fremd, aber es gab eine Zeit, in der das Ideengedicht, das Lehrgedicht eine bedeutende Rolle spielte, in der Antike, auch in der Lyrik des Barock. Gleichwohl ist der lehrhafte oder pädagogische Impuls nie ganz aus dem Gedicht verschwunden, und zuweilen verbirgt er sich in einem schlichten Bild, wie in diesem Beispiel:

> Zwei Segel erhellend
> Die tiefblaue Bucht!
> Zwei Segel sich schwellend
> Zu ruhiger Flucht!

Wie eins in den Winden	Begehrt eins zu hasten,
Sich wölbt und bewegt,	Das andre geht schnell,
Wird auch das Empfinden	Verlangt eins zu rasten,
Des andern erregt.	Ruht auch sein Gesell.

Der Schweizer Dichter Conrad Ferdinand Meyer (1825 bis 1898), der eine Weile zur Schullektüre gehörte, etwa mit seiner Novelle «Gustav Adolfs Page» oder mit dem Roman «Jürg Jenatsch», ist heute dem literarischen Gedächtnis fast entschwunden. Dieses Gedicht aber – es trägt den Titel «Zwei Segel» – wird immer wieder gerne zitiert, meist als Motto oder Gruß zu einer Vermählung. Denn darum geht es offensichtlich, um eine enge, voneinander abhängige und aufeinander hörende Zweisamkeit. Aber es gibt nur dieses Bild der zwei Segel, der Bucht und der Winde. Das Boot müssen wir uns dazudenken, eine Segeljolle vermutlich mit einem einzigen Mast, der das Vorsegel und das Großsegel trägt. Die Segel werden sehr plastisch als ein lebendiges Doppelwesen beschrieben, das etwas empfindet und etwas begehrt.

Zwei Segel also sind auf der Flucht, aber nicht, weil sie verfolgt würden, sondern weil sie gänzlich für sich sein wollen. Ihre Flucht ist ruhig. Sie sind auch nicht völlig aus der Welt, denn eine Bucht immerhin umgibt sie. Und nichts liegt näher, als in diesem Segelpaar ein Menschenpaar zu erkennen, ein Liebespaar, ein Ehepaar, aber denkbar wären auch zwei Freunde oder Freundinnen, die sich auf besondere Weise miteinander verbunden haben. Sie sind nur frei von den übrigen Menschen, aber nicht frei voneinander. Sie müssen auf Gedeih und Verderb mit sich selbst harmonieren, weil sie anders dem Zufall, hier dem Wind, nicht begegnen können.

So einfach, geradezu simpel dieses Gedicht auch wirkt, es ist meisterhaft gebaut. Ein kurzer Blick auf die Form macht das klar: Jede Zeile beginnt mit einem Auftakt und hat zwei Hebungen, sozusagen für jedes Segel eine (ein zweihebiger Jambus also). Die Zeilen sind durch Kreuzreime miteinander verbunden (a-b-a-b), wobei jeweils die erste und dritte Zeile unbetont enden (weiblich), die zweite und vierte aber betont (männlich). In seiner Form führt das Gedicht vor, was es inhaltlich bedeuten will.

Die Botschaft ist klar und schön, und sie erinnert an jene Sinnsprüche, die man früher auf Schmuckdecken, heute meist nur noch auf Flohmärkten zu finden, eingehäkelt sah. Beim Sinnspruch («Eigner Herd ist Goldes wert») handelt es sich um die aufs Bekömmliche gekürzte Form des Lehrgedichts, und eine lange Form finden wir in Schillers Gedicht «Die Worte des Glaubens» von 1797:

> Drei Worte nenn' ich euch, inhaltschwer,
> Sie gehen von Munde zu Munde,
> Doch stammen sie nicht von außen her;
> Das Herz nur gibt davon Kunde.
> Dem Menschen ist aller Wert geraubt,
> Wenn er nicht mehr an die drei Worte glaubt.
>
> Der Mensch ist frei geschaffen, ist frei,
> Und würd' er in Ketten geboren,
> Laßt euch nicht irren des Pöbels Geschrei,
> Nicht den Mißbrauch rasender Toren.
> Vor dem Sklaven, wenn er die Kette bricht,
> Vor dem freien Menschen erzittert nicht.

Und die Tugend, sie ist kein leerer Schall,
Der Mensch kann sie üben im Leben,
Und sollt' er auch straucheln überall,
Er kann nach der göttlichen streben,
Und was kein Verstand der Verständigen sieht,
Das übet in Einfalt ein kindlich Gemüt.

Und ein Gott ist, ein heiliger Wille lebt,
Wie auch der menschliche wanke;
Hoch über der Zeit und dem Raume webt
Lebendig der höchste Gedanke,
Und ob alles in ewigem Wechsel kreis't,
Es beharret im Wechsel ein ruhiger Geist.

Die drei Worte bewahret euch, inhaltschwer,
Sie pflanzet von Munde zu Munde,
Und stammen sie gleich nicht von außen her,
Euer Innres gibt davon Kunde.
Dem Menschen ist nimmer sein Wert geraubt,
So lang er noch an die drei Worte glaubt.

Das nun ist wahrlich eine pathetische Botschaft an die Adresse aller Menschen, eine Predigt mit moralischer Absicht, wobei das christliche Erbe insofern eine Rolle spielt, als von einem einzigen Gott und seinem heiligen Willen die Rede ist. Der monotheistische Gedanke ließe sich auch im Judentum oder im Islam finden, doch kommt es Schiller auf solche religiösen Unterschiede offensichtlich nicht an. Er behauptet nämlich, dass es jenseits aller religiösen oder staatlichen Systeme eine ursprüngliche, natürliche Moral gibt. Man findet sie, so sagt er, eher im «kindlichen Gemüt» als im «Verstand der Verständigen», sie geht «von

Munde zu Munde», sie ist zuallererst eine Sache des Herzens. Was sind «die drei Worte»? Die Freiheit, die Tugend, das Göttliche – drei sehr verschiedene Dinge also. Denn die Freiheit ist ein Recht, die Tugend hingegen eine Pflicht, und beides, so dürfen wir schließen, ist aufgehoben, eingebunden im «ruhigen Geist» eines Gottes, der den ewigen Wechsel menschlicher Verhältnisse überdauert.

Schillers Gedicht ist ein Musterbeispiel dessen, was man den deutschen Idealismus nennt, die Vorstellung nämlich, dass der Geist über dem Körper stehe, das Reich der Ideen dem Reich der Materie überlegen sei. Der Gedanke hat eine lange philosophische Tradition, die auf Platons Ideenlehre zurückgeht. Der literarische Idealismus aber versteht die Priorität des Geistigen nicht so sehr als philosophisches Theorem, sondern vielmehr als Postulat, als moralische Forderung. Daher rührt der predigerhafte Ton dieses Gedichts und auch vieler anderer Texte des Idealismus. Das Rührende und Erhebende daran ist die explizit antizynische Haltung: Der Mensch wird nicht von unten betrachtet, nicht von seiner fragwürdigen und dunklen Seite her, sondern er wird verstanden aus seinen höchsten Möglichkeiten und schönsten Zeugnissen und daran gemessen. Der Gipfel menschlichen Tuns aber ist die Kunst, sie dient der Veredelung des Menschen und der Ausformung seiner besten Kräfte. Denselben Impuls finden wir in Goethes Gedicht «Das Göttliche», das mit den Zeilen beginnt: «Edel sei der Mensch, / Hilfreich und gut!» Der Idealismus ist ein moralisch-ästhetisches Programm, die Ironie ist ihm eigentlich fremd, und das war einer der Gründe, weshalb die heute sogenannten Klassiker wie Schiller und Goethe mit der romantischen Ironie ihre Probleme hatten.

Man kann über den Idealismus spotten, und das ist auch oft genug geschehen, und heute, nach dem ideologischen Wahnsinn des 20. Jahrhunderts, hat er es besonders schwer. Und doch sieht man, wenn man Schillers «Worte des Glaubens» unbefangen und ohne Argwohn liest, den Überzeugungswillen und auch die Überzeugungskraft, die aus jeder Zeile sprechen, vor allem aus den zwei berühmtesten: «Der Mensch ist frei geschaffen, ist frei, / Und würd' er in Ketten geboren.» Das ist mehr als eine Predigt, das ist ein politischer Schlachtruf. Und wenn wir jetzt die sprachliche Gestalt des Gedichts betrachten, sehen wir neben der etwas geläufigen Rhetorik eine bezwingende Formgebung: Die drei «Worte» bilden je eine Strophe und stehen in der Mitte, eingerahmt von einer Präambel und von einem Fazit. Jede dieser Strophen entwickelt den Gedanken in überkreuzten Reimen, um dann im Paarreim auf die Pointe, also die Botschaft, zuzusteuern. Das ist zunächst bloß gutes Handwerk, aber man spürt auch, dass dieses formale Können durchzittert ist von einer moralischen Energie, die selbst den Skeptiker nicht unberührt lässt.

Mit dem Trost, den Schiller uns anbietet, dass da nämlich ein «heiliger Wille» sei, der den Irrenden im Ernstfall leiten könnte, hat sein Landsmann, der große und letztlich unbegreifliche Friedrich Hölderlin, gehadert, jedenfalls in dem folgenden Gedicht. Es heißt «Hyperions Schicksalslied» (etwa 1799) und klingt fast wie eine Antwort auf Schillers «Worte des Glaubens»:

Ihr wandelt droben im Licht
Auf weichem Boden, selige Genien!
Glänzende Götterlüfte
Rühren euch leicht,
Wie die Finger der Künstlerin
Heilige Saiten.

Schicksallos, wie der schlafende
Säugling, atmen die Himmlischen;
Keusch bewahrt
In bescheidener Knospe,
Blühet ewig
Ihnen der Geist,
Und die seligen Augen
Blicken in stiller
Ewiger Klarheit.

Doch uns ist gegeben,
Auf keiner Stätte zu ruhn,
Es schwinden, es fallen
Die leidenden Menschen
Blindlings von einer
Stunde zur andern,
Wie Wasser von Klippe
Zu Klippe geworfen,
Jahr lang ins Ungewisse hinab.

Wir sehen den hochfliegenden Anfang, den Lobpreis gött-
licher Vollkommenheit und ihrer kindlichen Unschuld,
und die fast religiöse Verneigung vor dieser Überlegenheit,
wobei auch hier, wie oft bei Hölderlin, nicht ganz klar ist,
was eigentlich mit diesem von antiken Vorstellungen inspi-

rierten Götterglauben gemeint ist – jedenfalls mehr als die in seiner Lebensumwelt sichtbare christliche Glaubenswirklichkeit. Hölderlins Vorstellungen gehören in den Zusammenhang des deutschen Neuhumanismus, der, um es zugespitzt zu sagen, das Griechentum neu erfunden hat als den idealen Ort einer Sinnsuche und Selbstvergewisserung, die dann auch politische Züge angenommen hat, im Kontrast zu jener deutschen Zerrissenheit, die erst spät zur gewaltsamen nationalen Einigung geführt hat. Diese politische Aufladung wurde schließlich in ihrer antimodernen, antiwestlichen (nämlich gegen Frankreich gerichteten) Haltung durchaus reaktionär, aber bei Hölderlin wird sie noch vom Freiheitsversprechen der Französischen Revolution getragen.

Hölderlins Roman «Hyperion» (1799), eigentlich kein Roman, sondern eine Sammlung von Briefen, die der Jüngling Hyperion, der an den griechischen Freiheitskriegen teilnimmt, seinem deutschen Freund Bellarmin schreibt, ist das Dokument eines poetisch-politischen Überschwanges und schließlich seiner abgrundtiefen Enttäuschung. In dem etwa gleichzeitig entstandenen Gedicht «Hyperions Schicksalslied» wird das politische Thema ins Überzeitlich-Geistige überhöht, um dann ins Entsetzliche abzustürzen. Denn die dritte, berühmt gewordene Strophe ist ein Schrei der Klage und der Bitternis. Das Schicksal der Menschen ist elend, erbärmlich, ein einziges Fallen «ins Ungewisse hinab». Nun begreifen wir auch, was Hölderlin meint, wenn er die Götter in der zweiten Strophe «schicksallos» nennt, «Schicksallos, wie der schlafende Säugling»: Sie haben keine Geschichte, kein Werden, nur ein Sein. Die Realisierung aber der Utopie des puren, unschuldigen Seins ist dem Menschen verwehrt.

Wenn wir einen Blick auf die sprachliche Gestalt werfen, so sehen wir eine sehr freie, fast moderne Form: Kein Endreim verbindet die Zeilen, sie beginnen meist betont (trochäisch), manchmal mit Auftakt (jambisch), ihr Versmaß wechselt zwischen zwei und drei Hebungen, denen eine oder zwei Senkungen folgen. Wir können hier also mit unserer Versschule nicht viel anfangen, und doch oder gerade deshalb spüren wir beim mehrmaligen Lesen die hochangespannte Sprach- und Ausdruckskraft, die gar nicht mehr auf verstechnische Mittel angewiesen ist, sondern sich frei emporschwingt zu dieser unerhörten Klage, die so vollkommen ist, dass sie vor uns steht wie eine unvergängliche Skulptur aus Marmor.

Auch Hölderlins Gedicht ist ein Ideengedicht, wenngleich mit einem dem schillerschen Optimismus entgegengesetzten Ausgang. Die moralische Energie des Ideengedichts aber ist keineswegs auf den deutschen Idealismus beschränkt. Das lehrt uns ein Blick über den Ozean hinweg auf einen der großen amerikanischen Lyriker, Walt Whitman. Er lebte von 1819 bis 1892, also rund zwei Generationen nach Schiller, aber er teilt mit ihm den idealistischen Schwung, die kühne Gebärde, den visionären Blick. 1860 hat er ein Gedicht auf die amerikanische Demokratie geschrieben, es trägt den Titel «For You O Democracy»:

1
Come, I will make the continent indissoluble,
I will make the most splendid race the sun ever
    shone upon,
I will make divine magnetic lands,
With the love of comrades,
With the life-long love of comrades.

2

I will plant companionship thick as trees along all the rivers of
America, and along the shores of the great lakes, and all over
 the prairies,
I will make inseparable cities with their arms about each
 other's necks,
By the love of comrades,
By the manly love of comrades.

3

For you these from me, O Democracy, to serve you ma femme!
For you, for you, I am trilling these songs.

Die deutsche Übersetzung von Hans Reisiger lautet so:

1

Komm, ich will den Kontinent unzertrennlich machen,
Ich will die herrlichste Rasse schaffen, auf die je die Sonne
 schien;
Ich will göttlich magnetische Länder schaffen,
Mit der Liebe von Kameraden,
Mit der lebenslangen Liebe von Kameraden.

2

Ich will Kameradschaft pflanzen dicht wie Bäume entlang den
Strömen Amerikas, und entlang den Küsten der großen Seen
 und über alle Steppen hin;
Ich will unentzweibare Städte schaffen, die die Arme einander
 um den Nacken schlingen;
Durch die Liebe von Kameraden,
Durch die männliche Liebe von Kameraden.

3

Für dich dies von mir, o Demokratie, dir zu dienen, ma femme!
Für dich! für dich zwitschre ich meine Lieder.

Der Anarchist und Pazifist Gustav Landauer (1870 bis 1919), der nicht nur Theoretiker und politischer Agitator war, sondern auch ein Essayist und Kenner der Literatur, veröffentlichte 1907 einen Aufsatz über Walt Whitman, in dem es heißt: «Wir müssen wieder lernen, dass starke Zeiten sentimental sind, und dass schwächliche Zeiten es sind, die sich scheuen, sich rückhaltlos und inbrünstig ihren Gefühlen für das geliebte Weib oder den innig geliebten Freund oder das Meer und die Landschaft und das Weltall hinzugeben. Whitman waren diese kosmische Liebe und dieser Überschwang des Gefühls zu eigen, und nur aus diesem Chaos und Abgrund der Innigkeit kann, so ist sein Glaube, sein neues Volk entstehen.»

In der Tat: Whitmans oft über viele Seiten gehende Gesänge (in seiner Sammlung «Grashalme») sind Hymnen auf sein Vaterland, das er als ein vollkommen neues Menschheitsprojekt feiert. Hier sind Freiheit, Gleichheit und Brüderlichkeit, die Verheißungen der Französischen Revolution, auf dem Weg der Verwirklichung, hier entsteht ein neues Volk, befördert durch die Segnungen moderner Technik. Und er, der Dichter, ist das Sprachrohr dieses neuen Kollektivs, er ist die Orgel, die die verschiedenen Sprachen, die Geräusche der Arbeit, den Gesang der Vögel und ebenso den der Lokomotiven, zum Klingen bringt. Und so tritt Whitman hier auf wie ein Gott, der Länder erschafft und Städte gründet, zugleich aber wie ein Liebhaber, der seiner Geliebten, nämlich der Demokratie, ein Ständchen bringt. Das wirkt auf uns kühle Europäer (Landauer würde uns schwächlich nennen, weil wir keine starken Empfindungen mehr haben) etwas bizarr oder kitschig, aber wenn man die Gedichte Whitmans liest, wird man mitgerissen von diesem Enthusiasmus, der ja nicht abstrakt bleibt oder bloß schwärmerisch, sondern angefüllt ist mit präziser Kenntnis des sozialen Lebens, der Technik, der Natur. Whitman findet kühne Bilder, verwegene Vergleiche, und er trägt das vor in freien, an großen Vorbildern geschulten Rhythmen.

Man sollte vielleicht hinzufügen, dass Whitmans Optimismus durch die schrecklichen Erfahrungen des Amerikanischen Bürgerkrieges (1861 bis 1865), in dem er als Sanitäter arbeitete, einen nachhaltigen Stoß erhielt, letztendlich auch durch die Tatsache, dass man ihm seinen unspießigen Umgang mit Eros und Sexualität (man warf ihm homosexuelle Neigungen vor) verübelte. Er gehört, wie Herman Melville und Edgar Allan Poe, zu jenen Giganten der amerikanischen Literatur, die von der zeitgenössischen Leserschaft nicht wirklich wahrgenommen und verstanden wurden. Erst später begriff man, dass Walt Whitman der Sänger der Neuen Welt war; und die Verheißung, für die sie bis heute, trotz häufiger Anfälle des Selbstverrats, noch immer steht, ist die Demokratie, für die Whitman seine Lieder «gezwitschert» hat.

Der Begriff Ideengedicht lässt viele Deutungen zu, und wenn man ihn etwas weiter fasst, dann ist das Gedicht als Idee nicht nur der Ort des Lehrhaften oder des Visionären, sondern auch der des Nachdenkens. Nun «denken» Dichter meist nicht wie Philosophen, also nicht abstrakt oder logisch, indem sie Sätze aus anderen ableiten, sondern indem sie in ihre eigene Psyche hinabsteigen und dort zu Erkenntnissen kommen, die zunächst nur für sie selbst gelten, dann aber, im geglückten Fall, auch uns Lesern etwas von bleibender Bedeutung mitteilen, das nicht in Begriffen zu fassen ist, sondern uns in Bildern eine andere Welt eröffnet. Rainer Maria Rilkes «Duineser Elegien» sind ein Beispiel dafür.

Elegien heißen sie aus zwei Gründen: Einerseits ist die klassische Elegie geprägt durch das Distichon (Sie erinnern sich: ein Hexameter und ein Pentameter), und Rilkes Elegien sind von diesem Versmaß geprägt, auch wenn sie sehr frei damit umgehen; andererseits ist sie die poetische Form der Klage, woher auch das Wort elegisch seine Bedeutung gewinnt. Die Bezeichnung «Duineser» aber leitet sich daraus ab, dass Rilke die ersten der insgesamt zehn Elegien auf dem Schloss Duino komponiert hat, jenem an der Adria zwischen Venedig und Triest gelegenen Schloss, wo er erstmals im Winter 1911 Gast der Fürstin Marie von Thurn und Taxis-Hohenlohe war. In ihren Erinnerungen schreibt die Fürstin (und bezieht sich dabei auf Rilkes eigenen Bericht): «Da erhielt er eines Tages in der Frühe einen lästigen geschäftlichen Brief. Er wollte ihn rasch erledigen und mußte sich mit Ziffern und anderen trockenen Dingen abgeben. Draußen blies eine heftige Bora, aber die Sonne schien, das Meer leuchtete blau, wie mit Silber übersponnen. Rilke stieg zu den Bastionen hinunter, die, vom Meer aus nach Osten und Westen gelegen, durch einen schmalen Weg am Fuße des Schlosses verbunden waren. Die Felsen fallen dort steil […] ins Meer herab. Rilke ging ganz in Gedanken versunken auf und ab, da die Antwort auf den Brief ihn sehr beschäftigte. Da, auf einmal, mitten in seinem Grübeln, blieb er stehen, plötzlich, denn es war ihm, als ob im Brausen des Sturmes eine Stimme ihm zugerufen hätte: ‹Wer, wenn ich schriee, hörte mich denn aus der Engel Ordnungen?›.»

So beginnt die erste Elegie. Der Dichter wird zum Medium, das dem Ruf einer höheren Instanz folgt und ihn weitergibt. Hier nun die ersten Strophen:

Wer, wenn ich schriee, hörte mich denn aus der Engel
Ordnungen? und gesetzt selbst, es nähme
einer mich plötzlich ans Herz: ich verginge von seinem
stärkeren Dasein. Denn das Schöne ist nichts
als des Schrecklichen Anfang, den wir noch grade ertragen,
und wir bewundern es so, weil es gelassen verschmäht,
uns zu zerstören. Ein jeder Engel ist schrecklich.

Und so verhalt ich mich denn und verschlucke den Lockruf
dunkelen Schluchzens. Ach, wen vermögen
wir denn zu brauchen? Engel nicht, Menschen nicht,
und die findigen Tiere merken es schon,
daß wir nicht sehr verläßlich zu Haus sind
in der gedeuteten Welt. Es bleibt uns vielleicht
irgend ein Baum an dem Abhang, daß wir ihn täglich
wiedersähen; es bleibt uns die Straße von gestern
und das verzogene Treusein einer Gewohnheit,
der es bei uns gefiel, und so blieb sie und ging nicht.

O und die Nacht, die Nacht, wenn der Wind voller Weltraum
uns am Angesicht zehrt –, wem bliebe sie nicht, die ersehnte,
sanft enttäuschende, welche dem einzelnen Herzen
mühsam bevorsteht. Ist sie den Liebenden leichter?
Ach, sie verdecken sich nur miteinander ihr Los.

Weißt du's *noch* nicht? Wirf aus den Armen die Leere
zu den Räumen hinzu, die wir atmen; vielleicht daß die Vögel
die erweiterte Luft fühlen mit innigerm Flug. [...]

Vorherrschend ist hier zunächst die Erfahrung der Einsamkeit, der Verlorenheit, «die Nacht, wenn der Wind voller
Weltraum / uns am Angesicht zehrt». Der Mensch spürt,
dass er in dieser Welt nicht zu Hause ist. Ein paar Gewohn-
heiten halten ihn noch. Das häufiger gesehene Bild dieses
Baumes am Abhang gibt den Anschein von Regelmäßig-
keit, stärker aber ist das Gefühl, in die Welt geworfen zu
sein, keinen Ursprung und kein Ziel zu haben. Denn auch
die Liebe ist eine Täuschung, sie verdeckt nur augenblicks-
weise das Ausgeliefertsein. Und da nun erfüllt den Dichter
der furchtbare Gedanke, dass die Engel seinen Schrei nicht
hören würden, mehr noch: Selbst wenn sie sich ihm zeigten, könnte er ihren Anblick nicht ertragen, er verginge vor
ihrem stärkeren Dasein. Es folgen die berühmten Zeilen:
«Denn das Schöne ist nichts / als des Schrecklichen Anfang, den wir noch grade ertragen, / und wir bewundern es
so, weil es gelassen verschmäht, / uns zu zerstören.» Einen
kleinen und wunderbaren Trost bieten die letzten Zeilen:
Du musst, sagt der Dichter zu sich selbst und zu uns allen,
aus den Armen die Leere werfen, vielleicht haben die Vögel
einen Gewinn davon: «daß [sie] die erweiterte Luft fühlen
mit innigerm Flug».

Wer mag, kann das Versmaß heraussuchen, und er wird
sehen, wie kunstvoll Rilke das metrische Schema an manchen Stellen gegen die natürliche Betonung setzt, um sie
dann wieder dadurch zu verstärken. So entsteht eine ganz
eigene, bezwingende Melodie. Schöner noch, ungeheurer
aber sind die Bilder, in denen alles zum Klang wird, das
wiederkehrende «u» im «Lockruf / dunkelen Schluchzens»,
das «i» in der Zeile «wem bliebe sie nicht, die ersehnte…»
und die Assonanz von «w» und «a» in der Folge «wenn
der Wind voller Weltraum / uns am Angesicht zehrt…».

Die Spannung dieses Gedichts entsteht auch daraus, dass es von einem sehr modernen Gefühl spricht, das dann im Existenzialismus eine besondere Prägung gefunden hat, und zugleich dieses Gefühl mit einer Sprache fasst, die zeitenthoben wirkt, weil sie eine ideale, alle Missbräuche und Abnutzungen übersteigende Sprache ist. Wobei «Gefühl» nicht das richtige Wort ist, denn es geht ja Rilke nicht um Gefühle, sondern letzten Endes um einen theologischen Diskurs. Rilkes Theologie, die ihn gelegentlich auch an den Rand des religiösen Kitsches führt, ist ein besonderes, ein schwieriges Kapitel, das ich hier nicht ausführen will. Aber Sie können schon am Eingang der «Duineser Elegien» erkennen, mit welcher Unerschrockenheit sich Rilke in religiöse Räume und Vorstellungen hineinbegibt, auf der Suche nach einem Halt, nach einer Sinngebung. Und die Sinngebung gelingt durch die Ästhetik – ein weiteres Beispiel für die in der deutschen Literatur (vor allem in der Romantik) oft anzutreffende Idee der Kunstreligion.

Superlative in der Literatur führen nicht weit, und doch bin ich geneigt zu sagen, dass Rilke der größte deutsche Lyriker ist. Die «Duineser Elegien» sind der Höhepunkt seines weit gespannten Werks, die hier abgedruckten Zeilen geben nur einen kleinen Eindruck davon. Man muss die Elegien lesen, auch wenn sie nicht immer leicht zu verstehen sind. Nach mehrmaliger Lektüre öffnet sich eine ganze, eine ganz andere Welt.

Weil ich aber das Kapitel nicht so pathetisch beenden will, füge ich an dieser unpassenden Stelle ein Gedicht von Wilhelm Busch (1832 bis 1908) ein, das eine nicht unbedeutende Spielart des Lehrgedichts darstellt, nämlich die humoristische. Buschs Bildergeschichten, etwa die von «Max und Moritz» oder auch die von «Tobias Knopp», sind nicht nur komisch, sondern zuweilen ziemlich böse – und von einer abgeklärten Weisheit, die auf ihre Art deutlich macht, was Kant einmal in die Bemerkung fasste, der Mensch sei aus krummem Holz geschnitzt.

> Die Selbstkritik hat viel für sich.
> Gesetzt den Fall, ich tadle mich:
> So hab ich erstens den Gewinn,
> Daß ich so hübsch bescheiden bin;
> Zum zweiten denken sich die Leut,
> Der Mann ist lauter Redlichkeit;
> Auch schnapp ich drittens diesen Bissen
> Vorweg den andern Kritiküssen;
> Und viertens hoff ich außerdem
> Auf Widerspruch, der mir genehm.
> So kommt es denn zuletzt heraus,
> Daß ich ein ganz famoses Haus.

Das ist ja nun kein wirklich großes Gedicht, aber doch ein ebenso intelligentes wie amüsantes Gedankenspiel zum Thema intellektuelle Redlichkeit, und niemandem wird es schwerfallen, in seinem Bekanntenkreis jemanden zu entdecken, auf den diese Zeilen passen, womöglich sogar auf sich selbst. Davon abgesehen fällt auf, was für ein virtuoser Reimeschmied Wilhelm Busch immer wieder ist (seine Reime sind so schlagend, dass sie, wie auf andere Weise die von Schiller, in den deutschen Zitatenschatz eingewandert sind). Hier fällt der absolut schräge Reim «Bissen – Kritiküssen» auf, der den Mittel- und Höhepunkt der ansonsten sehr ordentlichen Reimpaare bildet. Woran man erstens sehen kann, dass unordentliche Reime einen besonderen Reiz haben können; und zweitens, dass das Gedicht als Idee nicht nur der Ort moralischer Besserwisserei sein muss.

5.
Das Gedicht ist eine Form

Dass Gedichte eine Form haben (jedenfalls die meisten), konnten Sie in den vorangegangenen Kapiteln sehen; dass sie eine Form sind, will ich jetzt zeigen. Damit ist gemeint, dass Reim und Klang und Metrum eine eigene, sozusagen musikalische Logik entfalten, die den Inhalt derart bestimmt, dass von einem Inhalt, der nacherzählbar wäre, eigentlich nicht die Rede sein kann. Wir neigen ja dazu, ein literarisches Gebilde von seiner Mitteilung her zu verstehen, und das kann insofern auch nicht anders sein, als Sprache immer etwas mitteilt. Nur ist die Mitteilung im Gedicht oftmals die Sprache selbst, sie besteht dann aus den Bildern und Klängen, die sie erzeugt. Das heißt, die Bilder stehen nicht für etwas anderes, sodass man sie also in etwas sinngemäß Gleiches übersetzen könnte, sondern sie bedeuten zunächst nur sich selbst.

Als Beispiel für das Gemeinte möchte ich Eichendorff zitieren, und zwar aus zwei Gründen. Zum einen ist dieser wunderbare Dichter bislang noch gar nicht vorgekommen (Sie finden eine Interpretation seines Gedichtes «Vorbei» auf Seite 154ff.), zum anderen wird Eichendorff oft missverstanden, als ginge es in seinen Erzählungen und Gedichten um Abbildungen einer wirklichen Welt. Bei ihm ist es umgekehrt: Das Gedicht erzeugt eine neue, der gewöhnlichen entgegengesetzte Realität. Und exakt dies ist im Kern das Programm der Romantik, so wie Novalis es 1798 definiert hat: «Indem ich dem Gemeinen einen hohen Sinn, dem Gewöhnlichen ein geheimnisvolles Ansehen, dem Bekannten die Würde des Unbekannten, dem Endlichen einen unendlichen Schein gebe, so romantisiere ich es.» Betrachten wir nun Eichendorffs Gedicht «Sehnsucht» von 1834:

> Es schienen so golden die Sterne,
> Am Fenster ich einsam stand
> Und hörte aus weiter Ferne
> Ein Posthorn im stillen Land.
> Das Herz mir im Leib entbrennte,
> Da hab' ich mir heimlich gedacht:
> Ach, wer da mitreisen könnte
> In der prächtigen Sommernacht!
>
> Zwei junge Gesellen gingen
> Vorüber am Bergeshang,
> Ich hörte im Wandern sie singen
> Die stille Gegend entlang:
> Von schwindelnden Felsenschlüften,
> Wo die Wälder rauschen so sacht,
> Von Quellen, die von den Klüften
> Sich stürzen in die Waldesnacht.
>
> Sie sangen von Marmorbildern,
> Von Gärten, die über'm Gestein
> In dämmernden Lauben verwildern,
> Palästen im Mondenschein,
> Wo die Mädchen am Fenster lauschen,
> Wann der Lauten Klang erwacht,
> Und die Brunnen verschlafen rauschen
> In der prächtigen Sommernacht. –

In der ersten Strophe sehen wir einen Menschen einsam am Fenster stehen, es ist Nacht, es ist Sommer, und der ferne Klang des Posthorns erfüllt ihn plötzlich mit einem Fernweh, das ihn gedankenvoll hinaustreibt ins Offene. Es gibt aber nun in diesem ganz klassisch mit Kreuzreimen gebauten Gedicht eine kleine Irritation, das Wort «entbrennte». Eigentlich müsste es «entbrannte» heißen, aber das ergäbe keinen Reim auf «könnte». Doch auch der Reim «entbrennte – könnte» ist nicht ganz sauber, und natürlich kann man fragen, ob dem Dichter hier ein Fehler unterlaufen ist. Ich glaube eher, dass der große Könner Eichendorff diesen unreinen Reim mit voller Absicht verwendet hat, denn dadurch ragt dieses «entbrennen» überdeutlich hervor. Danach nämlich entzündet sich ein ganzes Feuerwerk von Bildern. Ja, wie Feuerwerksraketen an den klaren Nachthimmel fantastische Figuren zaubern, so entstehen vor seinem inneren Auge Szenen und Landschaften, die von dem einsamen Mann am Fenster eigentlich gar nicht gesehen werden können. Unmerklich ist der Übergang in diese irreale Welt. Zwar können wir gerade noch annehmen, der Mann habe im Dunklen tatsächlich die zwei Wanderer am Berghang ausmachen und ihren Gesang hören können. Was dann aber kommt – die Quellen, die sich von den Klüften stürzen, die Marmorbilder, die Gärten, die dämmernden Lauben, die Paläste, die Mädchen, die am Fenster stehen und zuhören, wie ihnen unten die Burschen mit ihrer Laute ein Ständchen bringen –, all dies ist kein realistisches Abbild irgendeiner Szene in irgendeiner Sommernacht, sondern eine romantische Inszenierung, die uns mitnimmt auf dem Flug ihrer Fantasie. Das Flugzeug aber, vielleicht besser: der Flugballon, erhebt sich hier auf den Flügeln der Form, nämlich des Reimes, der das nächste Bild erzeugt, und des Rhythmus, der alles in seine Bewegung zieht.

Es gibt übrigens eine Schilderung des russischen Dichters Wladimir Majakowski (1893 bis 1930), die davon erzählt, wie er den Rhythmus seiner Gedichte fand: «Ich schreite einher, mit den Armen schlenkernd, und brumme so vor mich hin, vorerst fast ohne Wortlaute, bald den Spazierschritt verkürzend, um nicht aus dem Takt meines Gebrumms zu fallen, bald dies Gebrumm selbst im Takt des Schreitens beschleunigend. So wird der Rhythmus zurechtgestutzt und ausgeformt». Das Schreiben von Gedichten, so lässt sich schließen, hat Ähnlichkeiten mit dem Komponieren von Musik, und in der Tat ist ein literarischer Text, der keinen Rhythmus hat, eigentlich ein mangelhafter Text, es sei denn, seine Absicht liege gerade darin, mit dem Rhythmuslosen etwas Bestimmtes ausdrücken zu wollen.

Wir wollen nicht annehmen, auch Eichendorff sei brummend und mit den Armen schlenkernd durch die Wälder gegangen, sondern lieber glauben, er habe gesungen. Wie auch immer: Sein unaufdringliches Sehnsuchtsgedicht zeigt, wie die Logik des Lyrischen die Bilder aus sich selbst hervorbringt. Ein nicht vollkommen ernstes und gröberes Beispiel ist das Gedicht «Vorzug des Frühlings», das der Barockdichter Johann Klaj (1616 bis 1656) geschrieben hat:

> Im Lenzen da glänzen die blumigen Auen
> die Auen die bauen die perlenen Tauen
> die Nympfen in Sümpfen ihr Antlitz beschauen
> es schmilzet der Schnee
> man segelt zur See
> bricht güldenen Klee.

Die Erlen den Schmerlen den Schatten versüssen
sie streichen sie leichen in blaulichten Flüssen
die Angel auß Mangel und Reissen beküssen
die Lerche die singt
das Haberrohr klingt
die Schäferin springt.

Die Hirten in Hürden begehen den Maien
man zieret und führet den singenden Reien
die Reien die schreien um neues Gedeien
die Herde die schellt
der Rüde der bellt
das Eiter das schwellt.

Das nun ist wahrhaft eine Orgie aus Endreimen, Binnenreimen und Assonanzen, ein einziger Rausch aus Klängen, und wir sehen, wie sich der Dichter in kindlicher Lust von seinen eigenen Einfällen, und seien sie noch so abgelegen und sinnfern, betören lässt. Aber wir verzeihen ihm das gerne, denn der Frühling kann ja wirklich berückend sein.

Wenn wir über das Thema «Gedicht und Form» reden, dann kommen wir unweigerlich auf das Sonett. Unter all den vielen strengen Strophen- und Reimformen, die die Geschichte der Lyrik ausgebildet hat und die ich hier nicht rekapitulieren will, ist das Sonett von unzerstörbarem Reiz geblieben und wird bis in die Gegenwart durch immer neue, nicht selten ironische Beispiele belebt. So hat sich etwa der Dichter Ludwig Harig (geboren 1927) durch seine virtuosen Fußball-Sonette hervorgetan. Eigentlich aber ist das Sonett eine sehr alte und anspruchsvolle Form. Im 13. Jahrhundert in Sizilien entstanden, verbreitete es sich im 16. Jahrhundert in ganz Europa und nahm je nach Sprachregion leicht unterschiedliche Formen an. Das italienische Sonett besteht aus 14 Zeilen, die aus zwei Quartetten (vierzeilige Strophen) und zwei Terzetten (dreizeilige Strophen) bestehen. Dabei werden die Quartette zusammen als Oktett oder Aufgesang, die Terzette als Sextett oder Abgesang bezeichnet. Das Reimschema (unten lautet es a-b-a-b, b-a-b-a, c-d-d, e-d-e, es gibt aber etliche Variationen) bezieht die beiden Quartette aufeinander und verschränkt die Terzette miteinander. Das Versmaß ist immer ein Jambus und schwankt zwischen fünf (zuerst in England, dann auch in Deutschland) und sechs Hebungen (in Frankreich). Die berühmten Sonette Shakespeares ordnen die 14 Zeilen etwas anders, und zwar in drei Quartette und ein abschließendes Reimpaar, nach dem Schema a-b-a-b, c-d-c-d, e-f-e-f, g-g.

Es gibt noch weitere Feinheiten und Variationen, vor allem die nach bestimmten Regeln geordneten Zyklen von Sonetten, aber das soll uns nicht weiter kümmern. Lesen Sie nun als Beispiel Rilkes Sonett «Römische Fontäne», geschrieben 1906 in Paris:

> Zwei Becken, eins das andre übersteigend
> aus einem alten runden Marmorrand,
> und aus dem oberen Wasser leis sich neigend
> zum Wasser, welches unten wartend stand,
>
> dem leise redenden entgegenschweigend
> und heimlich, gleichsam in der hohlen Hand,
> ihm Himmel hinter Grün und Dunkel zeigend
> wie einen unbekannten Gegenstand;

sich selber ruhig in der schönen Schale
verbreitend ohne Heimweh, Kreis aus Kreis,
nur manchmal träumerisch und tropfenweis

sich niederlassend an den Moosbehängen
zum letzten Spiegel, der sein Becken leis
von unten lächeln macht mit Übergängen.

Das Schöne und wahrhaft Kunstvolle an diesem Gedicht besteht darin, dass Inhalt und Form einander vollkommen entsprechen. So wie die ersten beiden Strophen sich aufeinander beziehen, so verhalten sich die beiden Wasserbecken zueinander, indem das obere Becken Wasser an das untere abgibt, worin sich das obere spiegelt. In den beiden letzten Strophen wird dieses Verhältnis noch einmal, jetzt aber schneller, pointierter beschrieben, bis aus dieser Wiederkehr des Gleichen ein in sich ruhendes, sich selbst genügendes Spiel wird – und darin der Form des Sonetts entspricht, in dem ja die miteinander verschränkten Reime ein ähnliches Wechselspiel vollziehen.

Wenn man nun aber das Ganze mit einem argwöhnischen Blick betrachtet, dann fragt man sich erstens, wer eigentlich das Subjekt des Ganzen ist. Wer neigt sich leise aus dem oberen Wasser? Es ist die in der Überschrift genannte, im Text selbst vorausgesetzte Fontäne – die offenbar keinen starken Strahl aussendet, sondern nur ein zimmerspringbrunnenhaft kleines Emportröpfeln. Und zweitens bemerkt man, dass Rilke mit immer neuen Worten eigentlich immer dasselbe sagt und die dreifache Wiederholung des Adjektivs «leise» nicht scheut. Man sieht auch die ungeheure, bis ins latent Gekünstelte gehende Biegsamkeit von Rilkes Sprache. Zugleich aber wird man zugeben müssen, dass all diese Eigenarten genau dem Thema und der Form dieses Gedichts entsprechen. Denn der Springbrunnen bedeutet ja nichts, er ist nur schön. Und das gilt auch für dieses Gedicht. Aber ebendies, das bedeutungslos Schöne, macht seine Bedeutung aus – wobei «Bedeutung» schon wieder das falsche Wort ist. Ein Gedicht, das etwas bedeutet, weist über sich selbst hinaus. Es gibt aber Gedichte, die das gar nicht wollen, sondern insofern vollkommen sind, als sie sich nur auf sich selbst beziehen. Das scheint für Rilke ein großes Thema seines Dichtens gewesen zu sein, und es gibt für diesen Ästhetizismus zahlreiche Beispiele anderer Dichter, wie etwa «The Raven» von Edgar Allan Poe (siehe weiter unten).

Es spielt offenbar das Schreiben von Sonetten für den Dichter eine ähnliche Rolle wie die Beherrschung des einfachen Saltos für den Artisten. Der Salto ist nicht eben leicht, aber er gehört zu den Pflichtübungen, das eigentliche künstlerische Können zeigt sich in ihm gerade nicht. Goethe jedenfalls scheint das so empfunden zu haben, denn einmal hat er, obwohl es nicht wenige Sonette von ihm gibt, ein ziemlich schlecht gelauntes Sonett geschrieben, dessen Thema das Schreiben von Sonetten ist:

Das Sonett

Sich in erneutem Kunstgebrauch zu üben,
Ist heil'ge Pflicht, die wir dir auferlegen:
Du kannst dich auch, wie wir, bestimmt bewegen
Nach Tritt und Schritt, wie es dir vorgeschrieben.

Denn eben die Beschränkung läßt sich lieben,
Wenn sich die Geister gar gewaltig regen;

Und wie sie sich denn auch gebärden mögen,
Das Werk zuletzt ist doch vollendet blieben.

So möcht' ich selbst in künstlichen Sonetten,
In sprachgewandter Maße kühnem Stolze,
Das Beste, was Gefühl mir gäbe, reimen;

Nur weiß ich hier mich nicht bequem zu betten,
Ich schneide sonst so gern aus ganzem Holze,
Und müßte nun doch auch mitunter leimen.

Wer dieses «Wir» ist, das dem Dichter den «erneuten Kunstgebrauch» des Sonetts auferlegt und ihn so zu einer unwillkommenen Künstlichkeit und Beschränkung zwingt, ist nicht ganz klar – offenbar eine handwerkliche Konvention, der Goethe hier seinen Kampf ansagt. Denn die Pointe lautet: Er müsste, um diese Form zu bedienen, «leimen», also einzelne Werkteile aneinanderkleben (wobei man zugeben muss, dass die meisten Sonette in der Tat an der ein oder anderen Stelle geleimt sind). Lieber, so sagt er, schneidet er «aus ganzem Holze». Dieses Holz, so dürfen wir schließen, ist ein Bild für das wirkliche Leben, so wie der bildende Künstler, der eine Statue aus Holz erschaffen will, nicht einzelne Stücke schnitzt, sondern sich den ganzen Stamm nimmt. Und der ganze Stamm ist eben das Leben, die Natur, die Wirklichkeit. Es spricht aus diesen Zeilen eine Verachtung des bloß Kunstgewerblichen. Wahre Kunst hingegen geht über das formale, selbstgenügsame Können hinaus, sie betrifft den ganzen Menschen und seine ganze Welt.

Das Sonett ist im Laufe des 20. Jahrhunderts oft verspottet worden. Es gibt eine ganze Reihe von Sonetten, die das Dichten von Sonetten karikierend zu ihrem Gegenstand machen, und eines der schönsten stammt von Robert Gernhardt. Er lebte von 1937 bis 2006 und war nicht allein ein scharfsinniger Humorist, sondern auch ein großer Zeichner und Dichter. Das Sonett, das jetzt folgt, trägt den umständlichen und etwas merkwürdigen Titel «Materialien zu einer Kritik der bekanntesten Gedichtform italienischen Ursprungs»:

> Sonette find ich sowas von beschissen,
> so eng, rigide, irgendwie nicht gut;
> es macht mich ehrlich richtig krank zu wissen,
> daß wer Sonette schreibt. Daß wer den Mut
>
> hat, heute noch so'n dumpfen Scheiß zu bauen;
> allein der Fakt, daß so ein Typ das tut,
> kann mir in echt den ganzen Tag versauen.
> Ich hab da eine Sperre. Und die Wut
>
> darüber, daß so'n abgefuckter Kacker
> mich mittels seiner Wichserein blockiert,
> schafft in mir Aggressionen auf den Macker.
>
> Ich tick nicht, was das Arschloch motiviert.
> Ich tick es echt nicht. Und will's echt nicht wissen:
> Ich find Sonette unheimlich beschissen.

Als müsste er beweisen, dass er das Handwerk der Dichtkunst aus dem Effeff beherrscht, legt Gernhardt hier ein waschechtes Sonett vor, und seine Professionalität geht sogar so weit, dass er virtuose Zeilensprünge einbaut, wie etwa den von der vierten zur fünften Zeile («…Daß wer den Mut / hat, heute noch …») oder den von der achten zur neunten («…Und die Wut / darüber, daß …»). Aber wenn man genauer hinsieht, dann merkt man, dass Gernhardt nicht das Sonett verspottet, sondern die Verspotter des Sonetts, nämlich die bürgerlichen Verächter des Bildungsbürgertums. Zielscheibe sind jene Achtundsechziger, die in ihrem Zorn gegen die Vätergeneration der Nazitäter und Nazimitläufer gleich den gesamten Traditionsraum deutscher Kultur verworfen haben. Ihr Jargon einer vermeintlichen Eigentlichkeit oder Authentizität verkam dann zu jener reduzierten Sprache, die Gernhardt, der seine Leute kannte, hier meisterhaft karikiert.

Der Jargon ist ja immer noch lebendig, zumindest in der älteren (linken, grünen) Alternativszene: das in Deutschland allweil beliebte anale Schimpfvokabular («beschissen», «Scheiß», «Kacker», «Arschloch») oder der Ton des besorgt Authentischen («in echt», «irgendwie nicht gut», «es macht mich ehrlich richtig krank»). Und dann der Titel: Als die Achtundsechziger den Marxismus entdeckten, also die durch den Terror der Nazis verbannten und verbrannten Texte, kamen sie auch auf die Ursprünge der Kapitalismuskritik, vor allem auf die «Kritik der politischen Ökonomie» von Karl Marx, der diese Titelgebung natürlich von den berühmten Kritiken Kants (etwa «Kritik der praktischen Vernunft») abgeleitet hatte. Es war dann in den Diskussionen und Seminararbeiten üblich, die Beiträge so oder ähnlich zu benennen, um die politische Traditionslinie zu markieren. Man muss diesen Hintergrund nicht kennen, um zu verstehen, dass Gernhardts Parodie ein gutes Beispiel für den Aspekt «Das Gedicht ist eine Form» darstellt, denn die Form dieses Sonetts ist, ohne dass wir von einem Inhalt sprechen könnten, wirklich sprechend, die Form ist hier alles.

Ich kehre zurück zu jener Literatur, die im Ästhetischen ihren genuinen Ort gesehen hat und sieht. Es hat ja immer den Streit zwischen den Verfechtern einer irgendwie gearteten Nützlichkeit der Literatur gegeben – gleichviel, ob diese Nützlichkeit in Belehrung, Erbauung oder Unterhaltung bestünde – und jenen «Autonomen», die darauf Wert gelegt haben, dass die Dichtung frei sei von solchen Zumutungen und ihr eigenes Recht, ihre eigene Dignität habe. Dieser Stolz, dieser Anspruch der Autonomie ist zu keiner Zeit mehrheitlich anerkannt worden, und das ist ja deshalb plausibel, weil er elitär und minoritär ist. Das galt für Edgar Allan Poes Epoche (dazu gleich mehr), es gilt aber auch für unsere durchaus freizügige Gegenwart. Sie erlaubt eigentlich alles, jeden sogenannten Tabubruch, nur eins ist ihr unheimlich: L'art pour l'art, eine Literatur also, die keine erkennbare Brauchbarkeit besitzt. Das Gedicht aber ist der genuine Ort des Autonomen, was heißt, sein Weg zum sogenannten Leben ist höchst indirekt.

Hugo von Hofmannsthal hat einmal geschrieben: «Es führt von der Poesie kein direkter Weg ins Leben, aus dem Leben keiner in die Poesie. Das Wort als Träger eines Lebensinhaltes und das traumhafte Bruderwort, welches in einem Gedicht stehen kann, streben auseinander und schweben fremd aneinander vorüber, wie die beiden Eimer eines Brunnens. [...] Der Mutigste und der Stärkste ist der, der seine Worte am freiesten zu stellen vermag; denn es ist nichts so schwer, wie sie aus festen, falschen Verbindungen zu lösen. Eine neue und kühne Verbindung von Worten ist das wundervollste Geschenk für die Seelen und nichts Geringeres als ein Standbild des Knaben Antinous oder eine große gewölbte Pforte.» (Antinous oder Antinoos war ein Günstling des Kaisers Hadrian, ein offen-

bar hochbegabter und sehr schöner junger Mann, von dem
man wenig weiß, dessen legendärer Ruhm aber in zahlrei-
chen Standbildern verewigt wurde, wovon eines im Louvre
steht.)

Hofmannsthal betont hier die Autonomie des Ästhetischen, und einer, der ebenfalls größten Wert darauf gelegt
hat, war Edgar Allan Poe (1809 bis 1849). Sein bekanntes-
tes Gedicht ist «Der Rabe», erstmals veröffentlicht 1845,
und ich zitiere die ersten fünf von insgesamt 18 Strophen:

The Raven

Once upon a midnight dreary, while I pondered, weak and weary
Over many a quaint and curious volume of forgotten lore –
While I nodded, nearly napping, suddenly there came a tapping,
As of some one gently rapping, rapping at my chamber door.
«'T is some visitor», I muttered, «tapping at my chamber door –

Only this and nothing more.»

Ah, distinctly I remember it was in the bleak December;
And each separate dying ember wrought its ghost upon the floor.
Eagerly I wished the morrow; – vainly I had sought to borrow
From my books surcease of sorrow – sorrow for the lost Lenore –
For the rare and radiant maiden whom the angels name Lenore –

Nameless here for evermore.

And the silken, sad, uncertain rustling of each purple curtain
Thrilled me – filled me with fantastic terrors never felt before;
So that now, to still the beating of my heart, I stood repeating.
«'T is some visitor entreating entrance at my chamber door –
Some late visitor entreating entrance at my chamber door –

This it is and nothing more.»

Presently my soul grew stronger; hesitating then no longer,
«Sir», said I, «or Madam, truly your forgiveness I implore;
But the fact is I was napping, and so gently you came rapping,
And so faintly you came tapping, tapping at my chamber door,
That I scarce was sure I heard you» – here I opened wide the door; –

Darkness there and nothing more.

Deep into that darkness peering, long I stood there wondering, fearing,
Doubting, dreaming dreams no mortal ever dared to dream before;
But the silence was unbroken, and the stillness gave no token,
And the only word there spoken was the whispered word, «Lenore?»
This I whispered, and an echo murmured back the word, «Lenore!»

Merely this and nothing more.

Und hier nun die Übersetzung von Hans Wollschläger:

Einst, um eine Mittnacht graulich, da ich trübe sann und traulich
müde über manchem alten Folio lang vergess'ner Lehr'–
da der Schlaf schon kam gekrochen, scholl auf einmal leis ein Pochen,
gleichwie wenn ein Fingerknochen pochte, von der Türe her.
«'s ist Besuch wohl», murrt' ich, «was da pocht so knöchern zu mir her –

das allein – nichts weiter mehr.»

Ah, ich kann's genau bestimmen: im Dezember war's, dem grimmen,
und der Kohlen matt Verglimmen schuf ein Geisterlicht so leer.
Brünstig wünscht' ich mir den Morgen; – hatt' umsonst versucht
      zu borgen
von den Büchern Trost dem Sorgen, ob Lenor' wohl selig wär'–
ob Lenor', die ich verloren, bei den Engeln selig wär'–

bei den Engeln – hier nicht mehr.

Und das seidig triste Drängen in den purpurnen Behängen
füllt', durchwühlt' mich mit Beengen, wie ich's nie gefühlt vorher;
also daß ich den wie tollen Herzensschlag mußt' wiederholen:
«'s ist Besuch nur, der ohn' Grollen mahnt, daß Einlaß er begehr'–
nur ein später Gast, der friedlich mahnt, daß Einlaß er begehr'; –

ja, nur das – nichts weiter mehr.»

Augenblicklich schwand mein Bangen, und so sprach ich unbefangen:
«Gleich, mein Herr – gleich, meine Dame – um Vergebung bitt'
        ich sehr;
just ein Nickerchen ich machte, und Ihr Klopfen klang so sachte,
daß ich kaum davon erwachte, sachte von der Türe her –
doch nun tretet ein!» – und damit riß weit auf die Tür ich – leer!

Dunkel dort – nichts weiter mehr.

Tief ins Dunkel späht' ich lange, zweifelnd, wieder seltsam bange,
Träume träumend, wie kein sterblich Hirn sie träumte je vorher;
doch die Stille gab kein Zeichen; nur ein Wort ließ hin sie streichen
durch die Nacht, das mich erbleichen ließ: das Wort «Lenor'?»
        so schwer –
selber sprach ich's, und ein Echo murmelte's zurück so schwer:

nur «Lenor'!» – nichts weiter mehr.

Es ist verblüffend, wie es Wollschläger gelingt, für die zahllosen, überaus kunstvollen Binnenreime eine deutsche Entsprechung zu finden. Er widerlegt im Grunde die oft ge-
äußerte Vermutung, Gedichte (und vor allem diese) ließen
sich nicht übersetzen.

«Der Rabe» hat Poe viel Ruhm eingebracht, wenn auch
nur vorübergehend, denn er verstand es, sich immerzu
Feinde zu machen. Auch war das Lesepublikum seinerzeit

dem oft grotesken Ästhetizismus Poes nicht sonderlich gewogen, es interessierte sich mehr für eine Literatur des Erbaulichen oder sonst irgendwie Nützlichen. Der suggestiven und unheimlichen Wirkung des «Raben» jedoch konnte es sich nicht entziehen, und Poe, der ein begnadeter Vortragsredner gewesen sein muss, füllte mit der Rezitation dieses langen Gedichts große Säle.

Der Hintergrund des Gedichts ist offenkundig der Tod der geliebten Lenore. Der Erzähler sitzt nachts in seiner Stube und brütet über alten Büchern, als er plötzlich ein Klopfen hört. Er öffnet die Tür, aber niemand ist da. Er merkt, dass das Klopfen vom Fenster kommt, er öffnet es, ein Rabe fliegt herein und setzt sich auf eine Büste der Pallas Athene über der Tür. Was nun folgt, ist einerseits ein Selbstgespräch des Erzählers, das um die tote Lenore kreist, andererseits ein Gespräch mit dem Raben, vielmehr der Versuch eines Gesprächs, denn der Rabe antwortet auf alle seine Fragen immer nur mit dem einen Wort «nevermore». So entsteht eine rätselhafte, gespenstische Szenerie, deren Morbidität von schwarzen Signalen verstärkt wird: die Nacht, der Rabe, der Tod. Die Geschichte endet damit (oder endet eigentlich nicht), dass der Erzähler dem Raben wütend befiehlt, sich hinwegzuscheren. Wieder antwortet der Rabe «nevermore» und bleibt als Todesbote auf der Büste sitzen, während der Erzähler ohnmächtig am Boden liegt, und wir wissen nicht, was aus ihm wird.

Es ist klar, dass solch ein etwas mühseliger Versuch, das Gedicht zu rekapitulieren, das Eigentliche verfehlt. Es handelt sich ja nicht um eine Ballade, um eine nacherzählbare Geschichte. Wir haben es mit einem Raum aus Wortklängen zu tun, die auseinander hervorgehen, sich wiederholen, sich steigern. Und die schwarzen Signale dienen vor allem dazu, diesen Raum emotional zu möblieren, was heißt, dass es hier nicht in erster Linie um Gefühle geht, nicht um den Tod der schönen Lenore, sondern darum, eine vollendete Form zu schaffen, die mit allen Mitteln der Sprachkunst auf den Effekt zielt. Der Effekt würde ohne die existenzielle Extremsituation, die das Gedicht vorführt, nicht eintreten, gleichwohl ist sie nicht Gegenstand, sondern Mittel zum Zweck.

In der Geschichte der Lyrik spielt «Der Rabe» eine große Rolle, aber größer noch ist die Bedeutung, die ein Essay Poes gewonnen hat, in dem er darüber berichtet, wie er das Gedicht gemacht habe. Der Aufsatz trägt den Titel «Die Methode der Komposition», wurde 1846 veröffentlicht und erläutert die Poetik Poes, also sein Verständnis dessen, was Literatur ist. «Meine Absicht ist», schreibt Poe, «deutlich zu machen, daß sich kein einziger Punkt in [der Komposition des ‹Raben›] auf Zufall oder Intuition zurückführen läßt: daß das Werk Schritt um Schritt mit der Präzision und strengen Folgerichtigkeit eines mathematischen Problems seiner Vollendung entgegenging.»

Im ersten Schritt, so sagt er, sei es darum gegangen, die richtige Länge des Textes festzulegen, «denn es ist klar, daß die Kürze in direkter Proportion zur Stärke der angestrebten Wirkung stehen muß». So sei er auf die Länge von etwa hundert Zeilen gekommen. «Mein nächster Gedanke galt der Wahl des zu vermittelnden Eindrucks oder Effekts.» Seine Überzeugung sei generell, dass das Schöne das einzige legitime Gebiet des Gedichtes sei. Denn «das zugleich stärkste, erhebendste und reinste Vergnügen erlebt man, wie ich meine, bei der Betrachtung des Schönen.» Die vollkommenste Repräsentation des Schönen aber sei nach aller Erfahrung die Trauer. Nun habe er nach einem «künstlerischen Reiz» gesucht, nach einem «Angelpunkt, um den sich das ganze Gebilde dreht». Das müsse, so habe er geschlossen, ein Refrain sein. «In seiner Wirkung [hängt er] ab von der Kraft der Monotonie – sowohl des Klanges wie des Gedankens. Das Behagen ergibt sich allein aus dem Gespür für Gleichheit – für Wiederholung. Ich beschloß, diese Wirkung dadurch abzuwandeln und damit zu steigern, daß ich im Ganzen die Monotonie des Klangs beibehielt, während ich diejenige des Gedankens stetig veränderte; das heißt, ich entschied mich, ständig neue Effekte zu erzeugen, indem ich die *Anwendung* des *Refrains* variierte – wobei er selbst weiterhin unverändert blieb.» Aber wie sollte der Refrain lauten? «Daß ein solcher Abschluß, um Kraft zu haben, klangvoll sein und eine gedehnte Betonung erlauben mußte, ließ sich nicht bezweifeln; und diese Überlegungen brachten mich unvermeidlich auf das lange *o* als den klangvollsten Vokal, in Verbindung mit dem *r* als dem best artikulierbaren Konsonanten. Als der Klang des Refrains so festgelegt war, galt es, ein Wort zu wählen, das diesen Klang enthielt und zugleich möglichst nahe an jene Melancholie herankam, die ich als Stimmung des Gedichts festgelegt hatte. Bei einer solchen Suche ist es völlig ausgeschlossen, das Wort ‹Nevermore› zu übersehen.»

Poe schildert nun, wie er auf den Raben kam, und fährt fort: «Ohne das Ziel der *Vollkommenheit* oder Perfektion in allen Einzelheiten aus dem Blick zu lassen, fragte ich mich jetzt: ‹Welcher ist unter allen melancholischen Gegenständen nach dem *allgemeinen* menschlichen Verständnis der *melancholischste?*› Der Tod – war die naheliegende Antwort. ‹Und wann›, fragte ich mich, ‹ist dieser melancholischste Gegenstand am dichterischsten?› Aus dem, was ich schon hinlänglich erörtert habe, ergibt sich auch hier eine naheliegende Antwort: ‹Wenn er sich aufs innigste mit der Schönheit verbindet›; der Tod einer schönen Frau ist also fraglos der dichterischste Gegenstand auf Erden – und ebenso zweifellos ist der geeignetste Mund für einen solchen Gegenstand der eines Liebenden, der die Geliebte durch den Tod verlor.»

Im Fortgang beschreibt Poe, wie er das Metrum und die übrigen Motive fand (wobei er seltsamerweise über das Auffälligste, über die Binnenreime, kein Wort verliert), aber ich will hier die Schilderung seines Argumentationsganges abbrechen, denn es ist wohl hinreichend klar geworden, wie sehr Poe sich als perfekten und kalten Handwerker stilisiert, dessen Gedicht nichts mit persönlichen Empfindungen oder Schicksalsschlägen zu tun hat, sondern das einzig und allein danach strebt, den Leser zu überwältigen.

Die Wahrheit ist aber, dass Poe von dem Bild der schönen jungen Frau, die dem Tod geweiht ist, auch deshalb nicht loskam, weil er diese Erfahrung mehrmals machen musste, und es ist undenkbar, dass sie ihn unberührt gelassen hat. Die Mutter war knapp über zwanzig, als sie, schon länger an Schwindsucht leidend, im Dezember 1811 endgültig zusammenbrach. Das Quartier, in dem die alleinstehende Frau mit drei kleinen Kindern hauste, muss mehr als erbärmlich gewesen sein. Edgar war mit seinen fast drei Jahren alt genug, um mit eigenen Augen und Ohren den Todeskampf der Mutter bewusst zu erleben. Jung starb seine Pflegemutter, die einzige Person, von der er verlässliche Zuneigung erwarten durfte; jung starb die schöne, seiner eigenen ähnlich sehende Mutter eines Schulkameraden, in die er sich als Vierzehnjähriger verliebt hatte; jung starb seine Frau Virginia an Schwindsucht, auch sie eine engelhafte Erscheinung. Die oben zitierte und oft als pervers kritisierte These Poes, der Tod einer schönen Frau sei der Gipfel aller Poesie, hat ihren Sinn darin, dass die Poesie der Weg ist, das bloß Irdische zu überschreiten. Dieser Weg, eine transzendentale Bewegung, geht in den Tod und darüber hinaus. Denn der Tod ist nur ein Übergangsphänomen, und es gibt einige Erzählungen Poes, allen voran «Ligeia», wo sich die Grenze zwischen Leben und Tod verwischt, wo Tote ins Leben zurückkehren oder Lebende sich dem Reich des Todes nähern, als wäre es ein Ort gesteigerten Daseins.

Obgleich also «Der Rabe» sicherlich aus einem erlittenen Schicksal hervorgegangen ist, so bleibt es doch richtig und bemerkenswert, dass Poe sich energisch gegen eine sentimental autobiografische Lesart wehrt und sein einzigartiges Gedicht als formale Leistung qualifiziert. Es hat, zusammen mit dem Essay, viele Dichter beeinflusst, allen voran Baudelaire (zu ihm komme ich im nächsten Kapitel). Er war es, der den «Raben» ins Französische übersetzt und Poe in Europa bekannt gemacht hat. «Die Theorie der modernen Lyrik», so schreibt Hans Magnus Enzensberger in seinem Aufsatz «Wie entsteht ein Gedicht?» (1961), «ist ohne Poe nicht denkbar. Valéry spricht vom Dichter als einem ‹literarischen Ingenieur› und Gottfried Benn fordert ihn auf, ‹das künstlerische Material kalt zu halten›.» Kälte ist die Bedingung formalen Gelingens, und es lässt sich vermuten, dass sogar Eichendorffs Gedicht «Sehnsucht», das im Leser wärmende Vorstellungen erweckt, nicht ohne eine gewisse Kälte geschrieben worden sein kann.

6.
Das Gedicht ist ein Rätsel

Wenn man das Wort romantisch steigern könnte, dann wäre Eichendorffs Gedicht «Wünschelrute» (1835) das romantischste Gedicht, das je geschrieben wurde:

> Schläft ein Lied in allen Dingen,
> Die da träumen fort und fort,
> Und die Welt hebt an zu singen,
> Triffst du nur das Zauberwort.

Aber Vorsicht: Romantik hat nichts mit Herzschmerz und Gefühlskitsch zu tun, sie ist ein anspruchsvoller, ein kühner Gegenentwurf zur Welt der «Philister», wie damals alle normal tüchtigen Bürger von den jungen Intellektuellen genannt wurden. Und wenn wir genau hinsehen, dann erkennen wir einen Haken an diesem hübschen und weidlich bekannten Vierzeiler. Es ist nämlich ein Konditionalsatz darin versteckt: Die Welt hebt nur dann zu singen an, wenn du das Zauberwort triffst. Wie aber lautet das Zauberwort? Darüber schweigt das Gedicht. Wenn aber nur der Dichter dieses Wort kennt, das den Schlaf der Dinge beenden kann, dann ist er so etwas Ähnliches wie ein Magier.

Dass Dichtung etwas mit Zauberei zu tun haben kann, ist
schon deshalb nicht absurd, weil einer der frühesten Texte
deutscher Sprache ein Bannspruch ist. Einer der sogenannten althochdeutschen «Merseburger Zaubersprüche» (sie
stammen aus dem 9. Jahrhundert) geht so und lautet neuhochdeutsch:

Eiris sazun idisi,	Einst setzten sich Frauen nieder,
sazun hera duoder.	setzten sich nieder
Suma hapt heptidun,	hierhin und dorthin.
suma heri lezidun,	Einige banden Fesseln,
Suma clubodun	einige hielten das Heer auf,
umbi cuoniouuidi.	einige nestelten an den Fesseln.
Insprinc haptbandun,	Entspring Gefangener den Banden,
inuar uigandun!	entschlüpf den Feinden!

Wir haben es allerdings nicht so sehr mit einem Gedicht zu
tun als vielmehr mit einem magischen Text, der die gefangenen, gefesselten Krieger befreien soll. Obwohl uns dieser
heidnische Schamanismus heute fremd geworden ist, gibt
es immer noch Sprechakte mit einem magischen Rest.
Rufe des Erschreckens bei drohender Gefahr, wie etwa
«Nein!» oder «Bitte nicht!», und selbst noch das schwä-
chere «Das darf doch nicht wahr sein!» enthalten ja mehr
als nur den Wunsch, die Gefahr möge vorbeigehen, sondern sie wollen gewissermaßen durch einen Befehl oder
Appell an eine höhere Instanz etwas bewirken. Solche
beschwörenden Sprachformeln gleichen einem Abwehr-
zauber (etwas soll nicht sein) oder einem Begehrzauber
(etwas soll bitte sein). Dieser zweite Zauber, und das eigentlich ist mit Romantisierung und Poetisierung gemeint, war
das große romantische Projekt. Novalis, der wahrscheinlich
als Theoretiker eine größere Bedeutung hat denn als Dich-

ter, spricht davon, die Poesie sei «eine Schutzwehr gegen
das gewöhnliche Leben», in dem die Dichter nicht zu
Hause sein können, denn sie sind «divinatorische, magi-
sche Menschen» (divinatorisch heißt so viel wie seherisch).
Dichtung hat mit Magie zu tun, denn, so Novalis: «Jedes
Wort ist Beschwörung», ein Heraufrufen und Bannen der
Sache, die es nennt. Deshalb ist der Poet ein Zauberer.

Das Wissen über Zauberei hat ja in letzter Zeit dank
Harry Potter ungemein zugenommen, und von daher ist
klar, dass Zauberer viel können, jedenfalls mehr als wir
Philister – aber beileibe nicht alles. Der spanische Dichter
Federico García Lorca (1898 bis 1936) hat einmal geschrieben: «Der Dichter, der im Begriff ist, ein Gedicht zu machen, […] hat die unbestimmte Empfindung, daß er in
einem sehr fernen Wald auf eine nächtliche Jagd geht.
Eine unerklärliche Angst rumort in seinem Herzen. […]
Köstliche Lüftchen kühlen das Kristall seiner Augen. Der
Mond, gerundet wie ein Horn aus weichem Metall, tönt in
der Stille der höchsten Zweige. Weiße Hirsche durchgleiten
die Lichtungen zwischen den Bäumen. Die ganze Nacht
begibt sich zur Ruhe unter einem Schirm von Geräuschen.
Tiefe, stille Wasser schimmern durchs Schilficht […]. Jetzt
muß man aufbrechen. Und das ist der gefährliche Augenblick für den Dichter. Der Dichter muß einen Plan von den
Gegenden haben, die er durchstreifen will, und er muß
gefaßt sein angesichts der tausend Schönheiten und der
tausend als Schönheiten verkleideten Häßlichkeiten, die
nun an seinen Augen vorüberziehen. Er muss seine Ohren
verstopfen wie Odysseus angesichts der Sirenen».

Das heißt: Auch Zauberer müssen, damit ihre Zauberei
gelingt, bei der Wahl ihrer Mittel Vorsicht walten lassen.
Dann allerdings dringen sie tiefer in das Geheimnis der

Dinge ein, als wir es vermögen. Das klingt irgendwie mär-
chenhaft schön, hat aber einen gravierenden Nachteil. Es
kann nämlich passieren, dass die Beute, die der Dichter
von seiner nächtlichen Jagd in einem fernen Wald (um mit
Lorca zu reden) mitbringt, nur mit verzauberten Augen
gesehen werden kann, dass die Wörter, die er gefunden hat,
uns Normalmenschen unverständlich bleiben. Das ist in
aller Kürze das Problem der modernen Lyrik. Sie gibt die
Sprache als Medium der Verständigung oder der Mitteilung
auf, sie orientiert sich stattdessen am Klang der Wörter, an
ihrem Hallraum, an den Assoziationen, die sie hervorrufen.
Sie ist an simpler Kommunikation nicht interessiert, sondern vielmehr an dem, was nicht gesagt wird oder gesagt
werden kann. Dadurch wird sie zum Rätsel.

Die moderne Lyrik hat sich, wie auf andere Weise die
moderne Musik, vom traditionellen Lesepublikum entfernt,
teils aus provokativer Absicht, teils aus sprachlogischen
Gründen. Denn wer die Sprache nicht nur, wie wir es all-
täglich tun, als willenlose Sklavin unserer Selbstdarstel-
lungsbedürfnisse ansieht, sondern in die Tiefe ihrer Bedeutung und Wirkung hinabsteigt, der wird rasch erkennen,
dass die simple Gleichsetzung von Wort, Bedeutung und
Gegenstand dazu taugt, ein Bier zu bestellen, aber alle
anderen Feinheiten, Reizbarkeiten und Abgründigkeiten
dessen, was Sprache ist, grob verfehlt.

Robert Musil (1880 bis 1942), der kein Lyriker war, sondern ein großer Essayist und Romancier (er ist der Autor
eines Romans, dessen Titel bekannter ist als sein Inhalt,
«Der Mann ohne Eigenschaften»), hat einmal gesagt: «Das
Wort ist nicht gar so sehr Träger eines Begriffs, wie man,
bestochen davon, daß sich der Begriffsinhalt unter Um-
ständen definieren läßt, gewöhnlich annimmt, sondern es

ist [...] bloß das Siegel auf einem lockeren Pack von Vorstellungen. [...] An die Stelle der begrifflichen Identität im gewöhnlichen Gebrauch tritt im dichterischen gewissermaßen die Ähnlichkeit des Worts mit sich selbst, und anstatt der Gesetze, die den logischen Gedankenablauf regeln, herrscht hier ein Gesetz des Reizes; das Wort der Dichtung gleicht dem Menschen, der dorthin geht, wohin es ihn zieht: er wird seine Zeit in einem Abenteuer verbringen, aber er wird sie nicht ohne Sinn verbringen.»

Sie sollten sich also beim Lesen von modernen Gedichten nicht sofort von deren nicht seltener Rätselhaftigkeit entmutigen lassen, sondern dem oft gewinnbringenden Abenteuer zu folgen versuchen, wobei ich hinzufügen muss, dass man ein bisschen Zeit dafür braucht und sich vom üblichen Begriff des Verstehens frei machen sollte. Aber das Lesen von Gedichten ist ja ohnehin keine Sache des Verschlingens, das bei Schmökern angebracht ist, sondern eine der Langsamkeit und des Nachdenkens oder Hinterherschmeckens.

Unabhängig davon muss man sehen, dass das moderne Gedicht mit einer langen Tradition gebrochen hat. Dieser Bruch kam nicht plötzlich. Der bereits erwähnte Poe hat ihn vorbereitet, auch die Frühromantiker wie Friedrich Schlegel und Novalis hatten ihren Anteil daran. Die entscheidende Figur aber war Charles Baudelaire (1821 bis 1867). Er steht im Mittelpunkt eines heute in den Hintergrund getretenen, aber seinerzeit legendären Buches des großen Freiburger Romanisten Hugo Friedrich (1904 bis 1978), seiner relativ knappen, aber äußerst konzisen Studie «Die Struktur der modernen Lyrik», erschienen 1956. Diesem Buch verdanke ich den weiter oben zitierten Hinweis auf die Rolle, die Novalis in diesem Zusammenhang spielt, und ich gebe Ihnen jetzt eine zusammenfassende Passage von Friedrichs Darlegungen: «Ein Grundzug modernen Dichtens ist seine immer entschiedener werdende Trennung vom natürlichen Leben. Mit Rimbaud zusammen bringt Mallarmé die radikale Abkehr von der Erlebnis- und Bekenntnislyrik. Immerhin bewegte sich die stilisierte, das Allgemeine kunstvoll variierende ältere Lyrik im Umkreis des menschlich Geläufigen. Moderne Lyrik scheidet nicht nur die private Person, sondern auch die normale Menschlichkeit aus.» Diese Bemerkung mag Sie irritieren, aber sie ist das Resultat der Beobachtung, dass nicht wenige Dichter der Moderne im Hässlichen, im Grotesken ein willkommenes Mittel erblickt haben, das zu attackieren, was man Juste milieu oder Common Sense oder auch den Stammtisch nennen kann. Und wenn Sie sich fragen, ob es gut sei, dass Lyriker zu derart offenkundig destruktiven Mitteln greifen, dann sollten Sie sich vor Augen halten, dass die Destruktionen, die mit der Entfesselung der Moderne (und hier nicht der Lyrik, sondern des Kapitals) einhergingen, verheerender waren als alle Gedichte der Weltliteratur zusammengenommen.

Zurück zu Friedrich, der Baudelaires Ästhetik des Hässlichen schildert: «Baudelaire hat oft von der Schönheit gesprochen. Doch in seiner Lyrik hat sie sich zurückgezogen auf den Formenbau und auf das Vibrieren der Sprache. Die Gegenstände ertragen den älteren Schönheitsbegriff nicht mehr. Baudelaire bedient sich umdeutender, paradoxer Ergänzungen, um Schönheit mit einem aggressiven Reiz auszustatten, mit der ‹Würze des Befremdenden›.» Betrachten wir nun zum Beispiel das Gedicht «Le Poison» aus der von Baudelaire öfter ergänzten, immer aber streng komponierten Sammlung «Les Fleurs du Mal»

(«Die Blumen des Bösen» – woraus dann der Spötter Robert
Gernhardt «Die Blusen des Böhmen» gemacht hat):

Le vin sait revêtir le plus sordide bouge
D'un luxe miraculeux,
Et fait surgir plus d'un portique fabuleux
Dans l'or de sa vapeur rouge,
Comme un soleil couchant dans un ciel nébuleux.

L'opium agrandit ce qui n'a pas de bornes,
Allonge l'illimité,
Approfondit le temps, creuse la volupté,
Et de plaisirs noirs et mornes
Remplit l'âme au delà de sa capacité.

Tout cela ne vaut pas le poison qui découle
De tes yeux, de tes yeux verts,
Lacs où mon âme tremble et se voit à l'envers …
Mes songes viennent en foule
Pour se désaltérer à ces gouffres amers.

Tout cela ne vaut pas le terrible prodige
De ta salive qui mord,
Qui plonge dans l'oubli mon âme sans remord,
Et, charriant le vertige,
La roule défaillante aux rives de la mort!

Die deutsche Fassung von Terese Robinson lautet:

Das Gift

Der Wein verwandelt oft die schmutzigsten Spelunken
In Schlösser voller Märchenpracht,
Und Säulenhallen er vor uns erstehen macht
Aus rotem Dunst und goldnen Funken,
Wie eine Sonne, die versinkt in Nebelnacht.

Das Opium weitet aus, was ohne Grenz' und Schranken,
Es dehnt die Unermeßlichkeit,
Es höhlt der Wollust Rausch, vertieft das Meer der Zeit,
Und mit Genüssen, schwarzen, kranken
Macht es die Seele übervoll und weit.

Nichts aber gleicht dem Gift aus deinen grünen Augen,
Den tiefen Seen, drin gramerfüllt,
Verzerrt und zitternd malt sich meiner Seele Bild,
Aus denen durstige Träume saugen
Die tiefe Bitternis, die Qualen weckt und stillt.

Nichts aber gleicht dem Gift, dem Gift von deinem Munde,
Das in mir wühlt und mich verzehrt,
Die Reue tötet und schamlos Vergessen lehrt,
Den Wahnsinn träufelt in die Wunde
Und mit dem irren Geist taumelnd zur Hölle fährt.

Zunächst werden Sie darüber erstaunt sein, dass Baudelaire insofern gar nicht «modern» ist, als er, was Reim und Metrum betrifft, die klassischen Formen virtuos bedient. Es handelt sich offenbar um eine Art Liebesgedicht, wenngleich um ein umgekehrtes, das Liebe als eine Form der Abhängigkeit demonstriert, als Sucht, ähnlich wie sie der Alkohol oder das Opium bewirken. Beide Suchtmittel scheinen dem lyrischen Ich, das hier spricht, ebenso vertraut wie willkommen, denn sie verwandeln die Welt in eine märchenhafte Pracht, bewirken Wollust, heben das Zeitempfinden auf, auch wenn diese Genüsse eingestandenermaßen «schwarz und krank» sind, also, wie wir ergänzen können, eine Erscheinungsform des Bösen darstellen. Nichts aber, so die Pointe, ist böser als die diabolische Kraft und Wirkung dieses «Du», eine Form von Wahnsinn, eine Art Vorhölle.

Es ist wahrscheinlich, dass es sich bei diesem «Du», das nicht näher beschrieben wird, um eine Frau handelt und dass der Sprecher ein Mann ist. Aber sicher ist das nicht, denn der Text selbst gibt keine Hinweise. Ohnehin ist der Tisch kraftvoll-schriller Bilder reich gedeckt, während die einfachsten Informationen fehlen. Nicht einmal von Liebe ist die Rede, auch nicht von Hass, nur von Gier, Lust, Wahnsinn, Tod. Wer die beiden Menschen sind, die hier vor uns auftauchen, wissen wir nicht, es scheint darauf nicht anzukommen. Worauf dann? Offenkundig auf eine gezielte Amoralität, auf ein Lobpreis all dessen, was bürgerlichen Vorstellungen von Sitte und Anstand widerspricht. Und dieses Programm wird nun nicht einfach vor uns hingeworfen, sondern es feiert sich selbst, in den schönsten, ausgesuchtesten Wendungen, in einer vollkommenen Form. Das nun bedeutet nichts anderes als eine harte, provokante Attacke gegen den im vierten Kapitel geschilderten Idealismus und seine Philosophie des «Wahren-Guten-Schönen».

Man sieht aber auch, dass Baudelaire von seinem eigenen Affront so überwältigt ist, dass er jene Haltung nicht zu vermeiden vermag, die eigentlich der vergangenen Epoche angehört: die des Pathos. War es zuvor das Pathos des Einverständnisses, so ist es nun das Pathos aggressiven Nicht-Einverstanden-Seins. Erst seine Nachfolger werden auch auf dieses Pathos noch verzichten und dazu beitragen, dass aus der poetischen Magie ein poetisches Rätsel wird. Und dieses Rätsel wird dann zum Ort, an dem sich die politischen Nonkonformisten, die kulturellen Oppositionellen und die geistigen Abweichler treffen. Davor sollte man Achtung haben – allein schon deshalb, weil die Zahl der von diktatorischen Regimen inhaftierten oder gar umgebrachten Dichter erschreckend ist, und es handelt sich dabei nicht nur um historische Fälle, sondern auch um Zeitgenossen. Eigentlich ist es erstaunlich, dass das Gedicht, diese filigrane und flüchtige Form, eine so große Kraft entfalten kann – bis hinein in die literarische Gegenwart, von der man sagen muss, dass ihre stärksten ästhetischen Kräfte am ehesten in der Lyrik sichtbar werden.

Der Gedanke, dass sprachliche Schönheit und ästhetische Perfektion zwingend zu einer höheren Moral und Menschlichkeit führen müssten, wird also durch «Die Blumen des Bösen» als naiv entblößt und glanzvoll widerlegt. Auch wenn uns diese Erkenntnis wenig Freude machen sollte – dass sie richtig ist, wird man nicht bestreiten können. Kunst und Moral stehen, nicht erst seit Baudelaire, in einem prekären und oft widersprüchlichen Zusammenhang. Das wenigstens kann man aus den «Blumen des Bösen» lernen.

Auch Baudelaire ist ein Zauberer, und er zeigt, dass poetisches Zaubern eine abgründige Angelegenheit sein kann. Die vorherige und, wie man sagen muss, auch vorgebliche Unschuld des Dichters ist durch ihn widerlegt, durch eine Form schwarzer Magie. Aber solche Widerlegungen, von denen die Geistesgeschichte lebt, gelten nie ein für alle Mal. Der Horizont, gegen den die Lyrik der Moderne opponiert hat, existiert längst nicht mehr. Das zu sagen mindert natürlich nicht ihre poetischen Innovationen, und die Liste der großen Lyriker, die den Impuls von Baudelaire aufgenommen und weiterentwickelt haben, ist gewaltig. Ich will die Namen nicht aufzählen, aber ein Beispiel immerhin noch vorführen, den bereits erwähnten Lorca (wobei zu ergänzen ist, dass er nicht eines natürlichen Todes derart jung gestorben ist, sondern dass er von den spanischen Faschisten ermordet wurde). Lorca hat 1921 das folgende Gedicht mit dem Titel «Canción» (Lied) geschrieben, und Hugo Friedrich, der das Gedicht in seinem erwähnten Buch aufführt, hat es übersetzt:

Por las ramas del laurel	Durch die Zweige des Lorbeers
van dos palomas oscuras.	gehen zwei dunkle Tauben.
La una era el sol,	Die eine war die Sonne,
la otra la luna.	die andere war der Mond.
Vecinitas, les dije,	Ihr Lieben, sagt' ich zu ihnen,
¿dónde está mi sepultura?	wo ist denn mein Grab?
En mi cola, dijo el sol.	In meinem Schwanz, sagte die Sonne.
En mi garganta, dijo la luna.	In meiner Kehle, sagte der Mond.
Y yo que estaba caminando	Und ich ging weiter,
con la tierra a la cintura	bis zum Gürtel in der Erde
vi dos águilas de mármol	sah zwei marmorne Adler
y una muchacha desnuda.	und ein Mädchen ganz nackt.
La una era la otra	Der eine war der andre,
y la muchacha era ninguna.	und das Mädchen war niemand.
Aguilitas, les dije,	Liebe Adler, sagt' ich zu ihnen,
¿dónde está mi sepultura?	wo ist denn mein Grab?
En mi cola, dijo el sol.	In meinem Schwanz, sagte die Sonne.
En mi garganta, dijo la luna.	In meiner Kehle, sagte der Mond.
Por las ramas del cerezo	In den Zweigen des Kirschbaums
vi dos palomas desnudas,	sah ich zwei nackte Tauben,
la una era la otra	die eine war die andre,
y las dos eran ninguna.	und beide waren niemand.

Ob Ihnen irgendein Gedicht in diesem Buch bislang ein Rätsel geblieben ist, weiß ich nicht. Falls aber nicht: Dieses ist ein Rätsel. Jedenfalls dann, wenn wir es «übersetzen» wollen, das heißt, es ersetzen wollen durch Äquivalente, was darauf hinausliefe, eine Art «abstract» zu gewinnen, eine Zusammenfassung. Das zu versuchen empfiehlt sich bei Gedichten sowieso nicht, und hier wäre es absurd. Versuchen wir also lediglich, ein paar Beobachtungen zu sammeln.

Da ist zunächst die Wiederkehr der Zahl Zwei und der Doppelung: zwei Tauben, zwei Adler, die Sonne und der Mond. Die zwei Tauben kommen noch einmal, ebenso Sonne und Mond, also zweimal zwei. Einmal allerdings sitzen die Tauben in den Zweigen des Lorbeers, ein andermal in den Zweigen des Kirschbaums. Die Frage nun, die das Ich äußert: «Wo ist denn mein Grab?», wird zweimal gestellt, einmal an die zwei Tauben, ein zweites Mal an die zwei Adler. Und beide Male wird sie beantwortet, aber weder von den Adlern noch von den Tauben, sondern von Sonne und Mond. Die Antworten sind beide Mal gleich, aber sie unterscheiden sich auch: Die Sonne gibt eine andere Antwort als der Mond.

Die zweite naheliegende Beobachtung ist die des Märchenhaften. Aus dem Märchen kennen wir sprechende Tiere. Auch dass die Gestirne sprechen, kommt vor. Scheinbar absurde Fragen und Antworten sind ebenfalls nicht selten, ebenso wenig wie Wiederholungsrituale, die in der Regel einen beschwörenden Charakter haben. Der Satz: «Und ich ging weiter» würde dazu passen, weil auch das Märchen aneinandergereihte Erlebnisse kennt, die jemandem widerfahren, der sich auf den Weg begibt.

Die dritte Beobachtung ist die der gegenläufigen Adjektive. Dass die Tauben «dunkel» sind und die Adler aus Marmor, also sicherlich weiß, ist ungewöhnlich, eher würde man das Gegenteil annehmen. Dass ein Mädchen nackt ist, mag uns weniger ungewöhnlich vorkommen als die Frage, was es hier zu suchen hat. Und sicherlich ist auch die Frage nach dem Grab ungewöhnlich.

Die vierte Beobachtung – und hier nähern wir uns offenbar dem Kern des Ganzen – ist die schwankende oder austauschbare oder nichtvorhandene Identität der genannten Wesen. Der eine Adler war der andere, heißt es, und das Mädchen war niemand. Und am Ende wiederholt sich der Gedanke: Die eine Taube war die andere, und beide waren niemand.

Was also ist das? Ein Traum? Dazu würde passen, dass am Anfang unvermittelt das Tempus wechselt. Erst heißt es «Durch die Zweige des Lorbeers / gehen zwei dunkle Tauben» – es wird also im Präsens gesprochen. Danach haben wir nur noch die Vergangenheitsform. Der Zeitenwechsel legt einen Wechsel der Wahrnehmung nahe, des Wirklichkeitsbezugs, und dahin gehört vielleicht auch die Frage nach dem Grab.

Nun aber sind wir mit unseren Feststellungen am Ende, jetzt müssen wir die Bilder, den Klang der Worte und die Anordnung der Sätze auf uns wirken lassen, dürfen dem dadurch in uns ausgelösten Reiz, der in uns entstandenen Assoziation freien Raum geben und selbst erspüren, was dieses Gedicht für uns bedeutet oder nicht. Es mag sein, dass uns die Wissenschaft dabei helfen könnte, indem sie den biografischen Kontext aufklärt, die Quellen benennt, die Vorbilder und anderes mehr. Ich glaube allerdings nicht, dass wir damit wesentlich weiterkämen. Das Gedicht, nur ein kleines Canción, bliebe immer noch ein zauberisch-rätselhaftes Gebilde. Dass es ohne Frage irgendwie schön ist, heißt ja noch wenig. Was es für den jeweiligen Leser heißt, müssen Sie selbst herausfinden, und damit lasse ich Sie nun allein – will aber zu Ihrem Trost hinzufügen, dass keineswegs alle modernen Gedichte so rätselhaft sind (die Wissenschaft sagt enigmatisch), sondern dass die Moderne, von der Hugo Friedrich so überzeugend und leidenschaftlich gesprochen hat, heute zum historischen Bestand gehört. Und dieser Bestand wird inzwischen von den jungen Dichtern (ohne dass er ihnen immer vollständig bewusst wäre) so vorausgesetzt, dass sie völlig frei sind von den alten Oppositionen und ein jeder dort anknüpft, wo er mag und kann. Meine Interpretationen (siehe Teil II) der Gedichte von Clemens Eich und Norbert Hummelt, von Hellmuth Opitz und Nadja Küchenmeister mögen Ihnen das zeigen.

Das moderne Gedicht neigt aber noch aus einem ganz anderen, aus einem finsteren Grund zum Rätsel. Die Rätselhaftigkeit, die ich hier meine, entstammt nicht irgendeiner Romantisierungslust, sondern sie ist Folge bitterster Erfahrungen mit den Totalitarismen des 20. Jahrhunderts, mit dem Stalinismus und dem Nationalsozialismus. In den sowjetischen Lagern des «Archipels Gulag» (so der Titel des berühmten Buches von Alexander Solschenizyn, erschienen 1974) und in den Vernichtungslagern der Nazis, für die als Synonym das Schreckenswort Auschwitz steht, wurden Menschen millionenfach entwürdigt, gefoltert, hingeschlachtet. Und mit diesen Menschen starb auch eine Kultur, es starb auch die Sprache. Vielleicht kann man sagen: Erst wurde die Sprache missbraucht, gefoltert und zum Instrument der Lüge gemacht, und dann, in unvermeidlicher Folge, wurden Menschen gemordet. Wenn wir uns an die klinisch abstrakten Termini der Nazis erinnern, an Begriffe wie «Säuberung» oder «Endlösung», dann wird klar, dass die Sprache ihre Unschuld verloren hatte. Mit

«Unschuld» ist nicht ein naiv-kindliches Verständnis gemeint, sondern schlicht die Tatsache, dass es kein authentisches Verstehen mehr gibt, wenn eine Ideologie total geworden ist, wenn jedes Wort im Gewand brutaler Macht daherkommt und man seiner naheliegenden, überkommenen Bedeutung nicht mehr vertrauen kann.

In seinem 1949 geschriebenen Aufsatz «Kulturkritik und Gesellschaft» sagte der Philosoph Theodor W. Adorno (1903 bis 1969): «Je totaler die Gesellschaft, um so verdinglichter auch der Geist und um so paradoxer sein Beginnen, der Verdinglichung aus eigenem sich zu entwinden. Noch das äußerste Bewußtsein vom Verhängnis droht zum Geschwätz zu entarten. Kulturkritik findet sich der letzten Stufe der Dialektik von Kultur und Barbarei gegenüber: nach Auschwitz ein Gedicht zu schreiben, ist barbarisch, und das frißt auch die Erkenntnis an, die ausspricht, warum es unmöglich ward, heute Gedichte zu schreiben.»

Der Satz, es sei barbarisch, nach Auschwitz ein Gedicht zu schreiben, ist berühmt geworden. Man versteht ihn nur, wenn man sich vor Augen hält, dass das Undenkbare, das absolut Ungeheuerliche wirklich geschehen war, und zwar nicht an irgendeinem entfernten Punkt der Erde, nicht an irgendeinem Rand der Zivilisation, sondern mitten in Deutschland, mitten im Land der Dichter und Denker. Adorno, jüdischer Abkunft, hatte dem Terror in die USA entfliehen können und war 1949 zurückgekehrt. In der zitierten Passage spricht er von der Unmöglichkeit der Kulturkritik angesichts totaler Verdinglichung. Das aus der marxistischen Theorie stammende Wort bezeichnet die Tatsache, dass in der kapitalistischen Welt alle menschlichen Beziehungen und alle Fragen des Geistes, der Moral, der Ästhetik tendenziell einem Verwertungsdenken unterworfen sind – sie werden zu Dingen, die einen (ökonomischen, ideologischen) Wert haben oder auch nicht. Sie werden einem Zweck untergeordnet, und die kulturkritische Anstrengung besteht ebendarin, dieser Mechanik zu widersprechen und einen Gegenraum der Freiheit zu behaupten. In einer totalitären, vollkommen gleichgeschalteten Gesellschaft ist dies nicht mehr möglich, weil die Sprache verdorben ist. Die Kritik «droht zum Geschwätz zu entarten». Und das Gedicht, als ästhetisches, dem Geist und der Sprache verpflichtetes Gebilde, ist, angesichts von Auschwitz, ebenfalls nicht mehr möglich. Es lässt die Barbarei vergessen und wird selbst barbarisch.

Wenn man allerdings Adorno gerecht werden will, so muss man den Satz vollständig lesen. Er lautet: «nach Auschwitz ein Gedicht zu schreiben, ist barbarisch, und das frißt auch die Erkenntnis an, die ausspricht, warum es unmöglich ward, heute Gedichte zu schreiben.» Damit fällt sich Adorno selbst ins Wort. Selbst sein Verdikt ist noch «angefressen» von der Barbarei, es ist ja aufs Neue kulturkritisch, was im Grunde nicht mehr geht. Was allein noch ginge, wäre das Schweigen, und in der Tat sieht man jene Dichter, die vom Faktum Auschwitz nicht loskamen, weil es sie nicht losgelassen hat, immer im Kampf mit dem Schweigen begriffen, mit dem Erlöschen der Worte, die ihre Unschuld nicht wiedergewinnen können, jedenfalls für lange Zeit nicht. Das gilt für die Dichterin Nelly Sachs (1891 bis 1970), die in letzter Minute nach Schweden entkommen war und 1966 den Nobelpreis erhielt, das gilt auch für Hilde Domin (1909 bis 2006), die in der Dominikanischen Republik ihre Zuflucht fand und sich erst 1961 wieder in Deutschland, in Heidelberg, niederließ. Wem die Gedichte von Sachs und Domin «rätselhaft» erscheinen

mögen, der muss die Umstände ihrer Entstehung mitbe-
denken. Das gilt in besonderem Maß für Paul Celan (1920
bis 1970), der zu den größten Dichtern deutscher Sprache
gehört und dessen Werk auf radikale, bis dahin nie gehörte
Weise mit dem Thema Auschwitz umgeht. Sein bekanntes-
tes Gedicht ist dieses:

Todesfuge

Schwarze Milch der Frühe wir trinken sie abends
wir trinken sie mittags und morgens wir trinken sie nachts
wir trinken und trinken
wir schaufeln ein Grab in den Lüften da liegt man nicht eng
Ein Mann wohnt im Haus der spielt mit den Schlangen der schreibt
der schreibt wenn es dunkelt nach Deutschland dein goldenes Haar
    Margarete
er schreibt und tritt vor das Haus und es blitzen die Sterne er pfeift
    seine Rüden herbei
er pfeift seine Juden hervor läßt schaufeln ein Grab in der Erde
er befiehlt uns spielt auf nun zum Tanz

Schwarze Milch der Frühe wir trinken dich nachts
wir trinken dich morgens und mittags wir trinken dich abends
wir trinken und trinken
Ein Mann wohnt im Haus der spielt mit den Schlangen der schreibt
der schreibt wenn es dunkelt nach Deutschland dein goldenes Haar
    Margarete
Dein aschenes Haar Sulamith wir schaufeln ein Grab in den Lüften
    da liegt man nicht eng

Er ruft stecht tiefer ins Erdreich ihr einen ihr andern singet und spielt
er greift nach dem Eisen im Gurt er schwingts seine Augen sind blau
stecht tiefer die Spaten ihr einen ihr andern spielt weiter zum Tanz auf

Schwarze Milch der Frühe wir trinken dich nachts
wir trinken dich mittags und morgens wir trinken dich abends
wir trinken und trinken
ein Mann wohnt im Haus dein goldenes Haar Margarete
dein aschenes Haar Sulamith er spielt mit den Schlangen

Er ruft spielt süßer den Tod der Tod ist ein Meister aus Deutschland
er ruft streicht dunkler die Geigen dann steigt ihr als Rauch in
    die Luft
dann habt ihr ein Grab in den Wolken da liegt man nicht eng

Schwarze Milch der Frühe wir trinken dich nachts
wir trinken dich mittags der Tod ist ein Meister aus Deutschland
wir trinken dich abends und morgens wir trinken und trinken
der Tod ist ein Meister aus Deutschland sein Auge ist blau
er trifft dich mit bleierner Kugel er trifft dich genau
ein Mann wohnt im Haus dein goldenes Haar Margarete
er hetzt seine Rüden auf uns er schenkt uns ein Grab in der Luft
er spielt mit den Schlangen und träumet der Tod ist ein Meister
    aus Deutschland

dein goldenes Haar Margarete
dein aschenes Haar Sulamith

Paul Antschel, der die Silben seines Namens vertauschte
und sich Celan (Tschelan) nannte, geboren und aufgewach-
sen in Czernowitz (damals Rumänien, heute Ukraine), ent-
stammte einer jüdischen Familie, die von Nazis ermordet
wurde. Ihm selbst gelang es, in sowjetischen Lagern zu
überleben, er ging dann nach Wien, lebte schließlich in
Paris, wo er sich 1970 das Leben nahm. Im Mai 1945, also
kurz nach dem Ende des «Dritten Reichs», schrieb er in
Bukarest die «Todesfuge», die als ein überzeugender

Beweis gegen Adornos Verdikt ins Feld geführt worden ist. Zwar haben die beiden Texte keinen direkten Zusammenhang, denn Adorno konnte Celans Gedicht nicht kennen, da es erst 1952 veröffentlicht wurde. Und natürlich kannte auch Celan Adornos Gedanken nicht, auch wenn er sie später las und offenbar auf sein Schreiben bezog. Jedenfalls suchte er den Austausch mit dem von ihm verehrten Mann, der ja ebenfalls ein Jude und Emigrant war und für ein neues Denken stand. Das komplizierte und am Ende nicht völlig glückliche Verhältnis der beiden zueinander gehört nicht hierher, aber die konträren Positionen Adornos und Celans haben die literarische Debatte nach dem Krieg für lange Zeit geprägt.

Wer das Gedicht heute betrachtet, wird es vermutlich nicht besonders rätselhaft oder gar provokativ finden, aber damals war allein schon das Oxymoron «schwarze Milch der Frühe» ein Skandal, und die Literaturkritik der Zeit reagierte eher befremdet-unfreundlich. Man wird sich nicht darüber wundern, wenn man die geistige Atmosphäre der Fünfzigerjahre näher betrachtet. Sie war in weiten Teilen ziemlich dumpf und reaktionär. Der damals einflussreiche Kritiker Günter Blöcker bemerkte 1959 über den neuen Gedichtband «Sprachgitter», Celans auffälliger Sprachgebrauch lasse auf seine «Herkunft» schließen, was man als antisemitische Äußerung verstehen kann, und Celan hat sie so verstanden. Die «schwarze Milch der Frühe» jedenfalls birgt für den ideologisch unbehinderten Leser kein Geheimnis. Milch ist weiß, und weiße Milch ist das Urbild der Unschuld, denn jedes Baby nährt sich an den Brüsten der Mutter mit diesem Stoff, der gerade dadurch, dass er weiß ist, ganz unbefleckt und unverdorben erscheint, so wie ja die Farbe Weiß generell für den Gedanken der Reinheit steht. Wenn aber die Milch schwarz geworden ist, verkehrt sich der Gedanke in sein Gegenteil, dann gibt es die Unschuld von Grund auf nicht mehr.

Die «Todesfuge» zählt zu den bleibenden Gedichten deutscher Sprache, und Sie werden das leicht erkennen, wenn Sie Ihr Augenmerk auf den bezwingenden Rhythmus lenken, der in seiner Melodik, in seinen Refrains volksliedhaft wirkt; auf das scheinbar märchenhafte Bild des Meisters und seiner Hunde und Schlangen; auf diesen urdeutschen Namen Margarete (der an das Gretchen im «Faust» erinnert); auf die «arischen» Signale der blauen Augen und des blonden Haars. Und nun werden diese ehemals harmlosen Muster des Märchens und des Volksliedes zu mörderischen Zeichen – wie die Milch haben sie ihre Unschuld verloren. In den ungeheuerlichen Bildern schließlich, in den Zeilen «er ruft streicht dunkler die Geigen dann steigt ihr als Rauch in die Luft» oder «wir schaufeln ein Grab in den Lüften da liegt man nicht eng» ist alles gesagt, was überhaupt zu diesem Grauen nur gesagt werden kann. Dass man es sagen kann, beweist Celan gewissermaßen gegen Adorno, aber Adorno hat, um dies nochmals zu verdeutlichen, kein Verbot ausgesprochen, sondern einem unlösbaren Dilemma Ausdruck zu geben versucht. Wie auf andere Weise auch Celan. Denn das Paradoxe an der «Todesfuge» ist ebendies: dass sie wahrhaft große Poesie, dass sie, obwohl schrecklich, zugleich schön ist. Sie erinnert an Rilkes Zeile aus der ersten «Duineser Elegie» (siehe Kapitel 4): «das Schöne ist nichts / als des Schrecklichen Anfang, den wir noch grade ertragen ...»

7.

Das Gedicht ist ein Spiel

Von Robert Gernhardt stammt das Gedicht «Nachdem er durch Metzingen gegangen war» (1985):

> Dich will ich loben: Häßliches,
> du hast so was Verläßliches.
>
> Das Schöne schwindet, scheidet, flieht –
> fast tut es weh, wenn man es sieht.
>
> Wer Schönes anschaut, spürt die Zeit,
> und Zeit meint stets: Bald ist's soweit.
>
> Das Schöne gibt uns Grund zur Trauer.
> Das Häßliche erfreut durch Dauer.

Man kann über diese vortreffliche Alltagsphilosophie viel nachdenken (und einige Metzinger haben das insofern getan, als sie sich darüber empört haben), aber ich zitiere das Gedicht vor allem wegen des Reimes in der ersten Strophe, denn er ist wahrhaft genial. Nie hätte man gedacht, dass die beiden einander völlig fremden Wörter «hässlich» und «verlässlich» jemals in nähere Verbindung kommen würden, aber jetzt, in diesem unsterblichen Reim, sind sie ein für alle Mal aneinandergekettet.

Der Reim ist ein ebenso abstraktes wie schönes Spiel, dessen Ursprung in dem willkürlichen, zufälligen Gleichklang zweier Wörter liegt. Der Dichter Christian Morgenstern (1871 bis 1914) war ein Meister dieses Spiels, dessen Reiz nicht zuletzt darin besteht, dass der Reimzwang zur Reimlust wird, die sich nun ausschließlich vom Klang eines Wortes leiten lässt, nicht von der Aussage – während es ja sonst oft umgekehrt ist: Die gewünschte Aussage sucht sich den passenden Reim. Betrachten Sie das folgende Gedicht:

Das ästhetische Wiesel

**Ein Wiesel
saß auf einem Kiesel
inmitten Bachgeriesel.**

**Wißt ihr,
weshalb?**

**Das Mondkalb
verriet es mir
im stillen:**

**Das raffinier-
te Tier
tats um des Reimes willen.**

Hier ist es offensichtlich, es ist sogar Thema des Gedichts: Es geht nicht um die Erzählung eines Ereignisses, nicht um ein Gefühl, nicht um eine Idee oder Lehre, es geht um den Reim. Er ist die Antriebskraft, der diese rein sprachliche, an einem Inhalt oder einer Botschaft desinteressierte spielerische Bewegung in Gang bringt und am Leben hält.

Und siehe da: Es entsteht, aus der reinen Form, aus dem bloßen Spiel dann doch wieder eine kleine Geschichte, eine absurde und verblüffend schöne. Dass das Wiesel auf einem Kiesel im Bachgeriesel sitzt, verdankt sich dem schieren und zufälligen Gleichklang, und doch ist es ein Bild, das uns, haben wir diese Zeilen auch nur ein einziges Mal gehört, nicht mehr aus dem Kopf geht. Und kaum ist es in unserem Kopf, schon fragt der Dichter scheinheilig nach: Wie ist es dazu gekommen, dass das Wiesel auf dem Kiesel et cetera? Und jetzt schlägt die Reimlust, der Reimwahn erst richtig zu, denn auf die Frage «weshalb?» reimt sich «Mondkalb», ein Tier, das nur entstanden ist wegen des Reimes, und dieses Tier reimt sich – beachten Sie das Enjambement (Zeilenbrechung), Sie werden nie wieder ein so schönes finden – auf «raffinier-», was wiederum den Reim von «mir» aufgreift und vollendet.

Kein anderer Dichter hat die immanente Logik lyrischen Sprechens so scharfsinnig und amüsant durchdrungen wie Morgenstern, wobei ich hinzufügen will, dass seine Gedichte harmloser erscheinen, als sie wirklich sind. Sie enthalten auch eine Sprachphilosophie, die uns klarmachen kann, dass die Wörter, mit denen wir meist gedankenlos operieren, einen doppelten Boden haben. Nicht selten bricht man ein, wenn man das nicht weiß. Und weil ich glaube, dass man von Morgenstern nicht genug kriegen kann (jedenfalls gilt das für mich), zitiere ich gleich noch ein anderes Gedicht:

Nein!

Pfeift der Sturm?
Keift ein Wurm?
Heulen
Eulen
hoch vom Turm?

Nein!

Es ist des Galgenstrickes
dickes
Ende, welches ächzte,
gleich als ob
im Galopp
eine müdgehetzte Mähre
nach dem nächsten Brunnen lechzte
(der vielleicht noch ferne wäre).

Auch hier wieder eine einzige Reimorgie, aber beachten Sie den Rhythmus der zweiten Strophe, die den eigentlich sinnfernen Plot so beschleunigt, dass wir die Mähre galoppieren hören, die aber gar nicht wirklich galoppiert, sondern nur in Form des «als ob». Und der in Klammern gesetzte Abgang ist eine schöne Coda, zugleich eine erneute Selbstironie, denn dass der Brunnen ferne wäre, verdankt sich bloß der Mähre, was doppelt ungerecht ist, denn erstens braucht das müdgehetzte Tier ihn dringend, und zweitens kann es für den Reim rein gar nichts.

Der Reimklang ist zunächst etwas ganz Äußerliches, und Versuche, aus dem Laut so etwas wie den Charakter eines Wortes und somit seine Bedeutung zu erschließen, führen nicht weit. Natürlich gibt es lautmalerische Wörter wie «schnappen» oder «platzen» oder «heulen» und «Eulen», deren Klang etwas von dem zu enthalten scheint, was sie sagen wollen. Aber «klappen» oder «ratzen» oder «keulen» und «Beulen» klingen ganz ähnlich. Auch könnte man denken, ein langes «o» verrate Dunkelheit und Gefahr wie Tod oder Moor, aber auch der Morgen, der Mond, das Moos und das Floß haben ein langes «o». Von anderen Sprachen erst gar nicht zu reden.

Und doch ist der Klang der Wörter nicht nebensächlich. Zwar hat er mit ihrer inhaltlichen Bedeutung wenig oder nichts zu tun, aber er öffnet einen anderen Bedeutungsraum, und mit ihm kann man spielen. Das Gedicht ist der eigentliche Ort für dieses Spiel. Es macht die Wörter durchlässiger, sie transportieren nicht bloß eine Information, sondern auch eine Stimmung, einen Klang, nicht bloß eine bestimmte Bedeutung, sondern auch Nebenbedeutungen und Gegenbedeutungen. Erinnern Sie sich an das Zitat von Musil: Das Wort sei «bloß das Siegel auf einem lockeren Pack von Vorstellungen». Es handelt sich also um eine Verabredung, und natürlich ist es gut, dass diese Verabredung normalerweise verlässlich ist und gilt. Aber ihr Inhalt hängt in hohem Maß vom Kontext ab, auch von der Situation und von der Interpretation, und was genau die Bedeutung eines Wortes im Konfliktfall ist, damit haben Juristen und Politiker zu tun.

Karl Kraus hat einmal gesagt, je länger man ein Wort anschaue, desto fremder blicke es zurück. Die Erfahrung macht jeder, der ein Wort ganz oft und laut vor sich hinspricht. Es klingt dann immer absurder, und man fragt sich, wie es eigentlich dazu kommt, dass das Lautgebilde «Birkenwald» offenbar etwas ganz Bestimmtes meint. «Birkenwald» beginnt mit diesem hellen I-Klang, dem ein kurzer A-Klang folgt, es ist festgelegt durch eine genau verabredete Reihung von Buchstaben, die eine ebenfalls genau verabredete Aussprache erzwingt. Durch den Austausch aber von nur zwei Buchstaben erhält man ein völlig anderes Wort, das fast genauso klingt: «Wirkenbald». Dieses Manöver führt zu einer beliebten Spielerei, der sich nicht nur manche Dichter ergeben, sondern mehr noch eine nicht abreißende Zahl von Hobbypoeten und Wortbastlern. Ich rede vom Schüttelreim, und Sie haben schon erraten, was es mit dem Birkenwald auf sich hat:

> Jetzt geh ich in den Birkenwald,
> denn meine Pillen wirken bald.

Im Schüttelreim werden die Anfangskonsonanten der beiden letzten betonten Silben miteinder vertauscht, und dadurch entsteht ein unweigerlich komischer Effekt. Dieser Effekt nun ist das eigentliche und einzige Ziel der Schüttelreimerei, die denn auch eher einer Sportart gleicht als wirklicher Poesie. Ich kenne jedenfalls keine ernst zu nehmenden Schüttelreimgedichte. Es kann sie eigentlich auch nicht geben, weil die Regel so strikt und eng ist, dass sie einen weiter gehenden Ausdruck von Gedanken oder Empfindungen nicht erlaubt. Bei Wikipedia findet man jede Menge Schüttelreime, aber namhafte Dichter sind selten dabei. Hier immerhin Heinz Erhardt (1909 bis 1979):

> Nur Wasser trinkt der Vierbeiner,
> der Mensch, der findet Bier feiner.

Sie sehen, das Spiel hat seinen Reiz, aber auch seine deutlichen Grenzen. Wir sind nun an dem Punkt, wo sich der Blick völlig von der Bedeutung abwendet und seine Aufmerksamkeit ganz auf die Magie der Buchstaben richtet. Ich rede jetzt nicht von der Kabbala, dieser jüdisch-esoterischen Philosophie, die den einzelnen Buchstaben jeweils eine besondere Bedeutung zuweist und aus ihrer Abfolge ein theologisches System errichtet. Die Kabbala hat eine verzweigte und wirkungsmächtige Tradition, aber das gehört nicht mehr zum Thema dieses Buches. Buchstaben spielen allerdings in einer sehr speziellen Figur eine Rolle, die auch im Gedicht gelegentlich vorkommt, im Palindrom. Es besteht aus einer Abfolge von Buchstaben, die von vorn nach hinten und von hinten nach vorn gelesen gleich bleibt. «Otto» ist eines der kürzeren Beispiele. Eines der längsten Palindrome, das gerade noch einen Sinn, wenngleich einen etwas sinnlosen, ergibt, lautet: «Ein Neger mit Gazelle zagt im Regen nie.» Was nun das Palindrom «Otto» betrifft, so hat der wunderbare und zuweilen auch etwas unheimliche Dichter Ernst Jandl (1925 bis 2000) ein Gedicht geschrieben, das damit spielt. Hier ist es:

ottos mops

ottos mops trotzt
otto: fort mops fort
ottos mops hopst fort
otto: soso

otto holt koks
otto holt obst
otto horcht
otto: mops mops
otto hofft

ottos mops klopft
otto: komm mops komm
ottos mops kommt
ottos mops kotzt
otto: ogottogott

Die Aufgabe bestand offenbar darin, ein Gedicht zu schreiben, in dem als einziger Vokal das «o» erlaubt ist – so wie übrigens der französische Schriftsteller Georges Perec einmal einen Roman geschrieben hat, in dem als einziger Vokal das «e» vorkommt, «Les Revenentes» («Dee Weedergenger»). Man kann das sinnlos finden, und das ist es in mancher Hinsicht gewiss, aber es ist ein Beweis für die Autonomie der Literatur – und ein schönes Spiel. Kinder jedenfalls lieben dieses Gedicht.

Ernst Jandl hat die Sprache beim Wort und beim Buchstaben genommen, und er hat eine Menge bedeutender, zum größten Teil sehr ernsthafter Gedichte geschrieben, darunter etwa «wien: heldenplatz», in welchem er mit rein sprachlichen Mitteln die erotisch aufgeladene kollektive Hysterie bloßlegt, die Hitlers Rede auf dem Wiener Heldenplatz 1938 bewirkt hat. Ich zitiere jetzt aber ein anderes Gedicht von ihm, das vor Augen (und vor allem vor das Ohr) führt, welche Folgen es hat, wenn man den Buchstaben «w» durch den verwandten Buchstaben «f» ersetzt. Es ist die «etüde in f», geschrieben 1965:

eile mit feile
eile mit feile
eile mit feile
durch den fald

durch die füste
durch die füste
durch die füste
bläst der find

falfischbauch
falfischbauch

eile mit feile
eile mit feile
auf den fellen
feiter meere

auf den fellen
feiter meere
eile mit feile
auf den fellen

falfischbauch
falfischbauch

eile mit feile
auf den fellen
feiter meere
feiter meere

falfischbauch
falfischbauch
fen ferd ich
fiedersehn
falfischbauch

falfischbauch
fen ferd ich
fiedersehn
fen ferd ich
fiedersehn
falfischbauch
fen ferd ich
fiedersehn
falfischbauch
falfischbauch

ach die heimat
ach die heimat
fen ferd ich
fiedersehn
ist so feit

Wer das Gedicht laut vor sich hinspricht, wird schnell bemerken, dass er die naheliegende Rückübersetzung von «f» nach «w» gar nicht mehr braucht, der Klang verselbstständigt sich und erzeugt eine neue Realität. Auf den Fellen feiter Meere – warum soll es das nicht geben, es hört sich schön und überzeugend an. Am Schluss erreicht diese Etüde dann doch einen satirischen Sinn: Das Sehnsuchtspathos der Seemannslieder von Hans Albers bis Freddy Quinn wird verspottet. Aber man muss das nicht so lesen, sondern darf sich ganz dieser schrägen Melodie hingeben, dieser irgendwie unbekannten Sprache, die einem doch ziemlich bekannt vorkommt.

Das Gedicht ist ein Spiel, in dem vieles geht, was sonst nicht geht. Eine heute etwas vergessene Variante des poetischen Spiels ist die konkrete Poesie, die in den Sechzigerjahren eine gewisse Berühmtheit erlangt hatte, weil sie allen üblichen Konventionen lyrischen Sprechens widersprach und das Gedicht radikal auf das Wort, auf den Buchstaben reduzierte. Nicht selten gewann sie aus dieser Reduktion eine visuelle Qualität, wie sie übrigens ähnlich auch schon die Lyrik des Barock gekannt hat. Ein Beispiel für das Poem als Sprachbild ist dieses Gedicht von Eugen Gomringer, geboren 1925. Er gilt als der Begründer und Theoretiker der konkreten Poesie:

schweigen schweigen schweigen
schweigen schweigen schweigen
schweigen   schweigen
schweigen schweigen schweigen
schweigen schweigen schweigen

Hier erübrigt sich das, was man Interpretation nennt. Schweigen wir also lieber. Ein Geistesverwandter Gomringers ist Gerhard Rühm, geboren 1930, auch er, wie Ernst Jandl, ein Österreicher. Von Rühm stammt das folgende Gedicht, das ebenfalls ein Sprachbild ist und zunächst einigermaßen sinnlos zu sein scheint:

```
u u u u u u u u u u u u u u u u
u u u u u u u u u u u u u u u u
u u u u u u u u u u u u u u u u
u u u u u u u u u u u u u u u u
u u u u u u u u d u u u u u u u u
u u u u u u u u u u u u u u u u
u u u u u u u u u u u u u u u u
u u u u u u u u u u u u u u u u
u u u u u u u u u u u u u u u u
```

Das Rätsel löst sich auf, wenn Sie genau in die Mitte dieser Anhäufung aus lauter «u» blicken: Dort finden Sie ein «d». Und jetzt müssen Sie das Ganze nur vor sich hinbrummen oder hinsummen, um zu hören, dass da eine gewaltige Klage anhebt, sozusagen ein Heulen der Eulen, was dann unversehens zu einem ebenso klagenden «du» wird. Wir haben es hier offenbar mit einem entsetzlichen Liebeskummer zu tun, wollen aber nicht gar zu inhaltlich werden, sondern uns vor allem daran freuen, was man mit bloß zwei Buchstaben alles machen kann.

Man kann aber, um Gedichte zu schreiben, auf Buchstaben ganz verzichten. Man kann über Gomringer und Rühm noch hinausgehen (eigentlich: ihnen vorangehen) und das Schweigen auf den letztmöglichen Punkt treiben, der dann nur noch das letztmögliche Schweigen nach sich ziehen kann. Womit ich nun enden will, indem ich Ihnen das folgende in jeder Hinsicht (sowohl der des Reimes und des Metrums wie auch der des gedanklichen Reichtums) vollkommene Gedicht von Christian Morgenstern zum Abschied unterbreite:

Fisches Nachtgesang

Zweiter Teil

Wie versteht man ein Gedicht?

Elf Interpretationen

1.

Friedrich Hölderlin

Der Sommer

Das Erntefeld erscheint, auf Höhen schimmert
Der hellen Wolke Pracht, indes am weiten Himmel
In stiller Nacht die Zahl der Sterne flimmert,
Groß ist und weit von Wolken das Gewimmel.

Die Pfade gehn entfernter hin, der Menschen Leben
Es zeiget sich auf Meeren unverborgen,
Der Sonne Tag ist zu der Menschen Streben
Ein hohes Bild, und golden glänzt der Morgen.

Mit neuen Farben ist geschmückt der Gärten Breite,
Der Mensch verwundert sich, daß sein Bemühn gelinget,
Was er mit Tugend schafft, und was er hoch vollbringet,
Es steht mit der Vergangenheit in prächtigem Geleite.

Ein Traum vom Paradies

Rund 37 Jahre, die Hälfte seines Lebens, hat Hölderlin im später sogenannten Tübinger Hölderlin-Turm zugebracht. Die lange vorherrschende Ansicht, der Dichter, den man 1807 in die Obhut des Handwerkers Zimmer gegeben hatte, sei wahnsinnig oder umnachtet gewesen, ist am radikalsten 1978 von dem französischen Germanisten Pierre Bertaux bestritten worden. Wahr ist, dass Hölderlin auch in jener Zeit eine Menge geschrieben hat (von der allerdings nur ein kleiner Teil überliefert ist), darunter ganz normale Briefe und einige sehr schöne, sehr seltsame Gedichte. Dieses Gedicht gehört dazu, eines unter mehreren mit dem Titel «Der Sommer».

Eine sommerliche Szene in der Tat öffnet sich zunächst, und wir finden uns versetzt in einen berauschten Reigen schöner Bilder und Klänge. Der Blick schweift über ein abgeerntetes Feld hinweg zu einem Höhenkamm, über dem eine helle Wolke schimmert. Nun aber die erste Irritation: Sahen wir eben noch einen Sommertag, flimmern nun plötzlich die Sterne «in stiller Nacht», und gleich danach ist wieder von Wolken die Rede, dann von «Pfaden», unvermittelt von einem Meer. Wo sind wir? Und wenn wir genauer hinsehen, merken wir, dass die grammatischen Bezüge vieldeutig sind. «Der Menschen Leben» scheint sich auf den Satz davor zu beziehen – es geht «entfernter hin» wie die Pfade –, zugleich aber bezieht es sich auf den folgenden Satz: «Es zeiget sich auf Meeren unverborgen.» Und dann auf einmal «der Sonne Tag», den der Dichter ein «hohes Bild» des menschlichen Strebens nennt.

Es gibt noch mehr dieser Undeutlichkeiten und Vieldeutigkeiten, und wenn wir das Gedicht mit jenem strengen Blick, der Aussage und Botschaft sucht, durchforsten wollten, dann könnten wir durchaus zu dem Schluss kommen, Bertaux habe leider doch nicht recht. Wir müssen aber die Frage nach Hölderlins Gesundheit gar nicht beantworten, sondern können einfach den Blick umdrehen, wie man ein Fernrohr umdreht, das nun statt der Nahaufnahme eine phantastische Weite zeigt. Und plötzlich wirkt das Gedicht vollkommen modern, abstrakt. Es zieht die Räume und die Zeiten in ein einziges Bild zusammen, es zeigt uns eine Allgegenwart. Sie ist bestimmt von Bildern, denen kein drittes mehr entspricht, von Klängen, die kaum etwas anderes meinen als sich selbst. Sie zielen ins Hohe und ins Helle, hinauf zur Sonne und zu den Gestirnen. Sie erzählen vom Paradies. Sie betreiben nichts anderes als eine entschlossene Affirmation. Ein unbedingter Zustimmungswunsch beherrscht den Text, ein radikales Einverstanden-Sein-Wollen, das sich am Ende zu einer optimistischen Utopie aufwölbt, zur Utopie eines mit der Vergangenheit versöhnten Gelingens. «Der Mensch verwundert sich, daß sein Bemühn gelinget.» Ja, ist es nicht verwunderlich, dass nicht immer und überall die Barbarei herrscht, sondern dass es Gärten gibt, «mit neuen Farben geschmückt», und dass der Morgen «golden glänzt»?

«Die Pfade gehn entfernter hin…» Einzig in dieser wunderbaren Zeile klingt leise eine Trauer durch, die sich aber in der Apotheose der Schlusszeilen auflöst. Sie preisen das rechte Leben, die Tugend und den großherzigen Vorsatz. Es lässt sich nicht abstreiten, dass der hochgestimmte Ton, dass die fast taumelnde Begeisterung, in die sich der Text hineinsteigert, auch etwas Unheimliches hat, etwas, das uns Alltagsrealisten befremden muss. Normal im konventionellen Sinne war Hölderlin vermutlich nie, und hier ist er's schon gar nicht. «Ein Gott ist der Mensch, wenn er träumt, ein Bettler, wenn er nachdenkt», sagt Hyperion. Vielleicht hat Hölderlin in seinem Turm vor allem geträumt, das wäre ein schöner Gedanke. Dieses Gedicht ist einer seiner Träume, den nun auch wir träumen dürfen.

2.

Clemens Brentano

Der Spinnerin Nachtlied

Es sang vor langen Jahren
Wohl auch die Nachtigall,
Das war wohl süßer Schall,
Da wir zusammen waren.

Ich sing und kann nicht weinen,
Und spinne so allein
Den Faden klar und rein,
So lang der Mond wird scheinen.

Als wir zusammen waren,
Da sang die Nachtigall;
Nun mahnet mich ihr Schall,
Daß du von mir gefahren.

So oft der Mond mag scheinen,
Denk ich wohl dein allein,
Mein Herz ist klar und rein,
Gott wolle uns vereinen.

Seit du von mir gefahren,
Singt stets die Nachtigall,
Ich denk bei ihrem Schall,
Wie wir zusammen waren.

Gott wolle uns vereinen,
Hier spinn ich so allein,
Der Mond scheint klar und rein,
Ich sing und möchte weinen.

Der Spinnerin Blues

Gerade mal 24 Jahre alt war Clemens Brentano, als er dieses Gedicht schrieb, und er kannte schon alle Tricks. Leichtfertig und leichtfüßig spielt er hier mit allen Mitteln lyrischer Überredungskunst, offenkundig hat er seinen Spaß am Arsenal der Rhythmen und Reime, und doch gewinnt man den Eindruck, der Dichter meine es auch ein bisschen ernst, empfinde Mitleid mit diesem Mädchen, das bei Nacht und Mondschein ihrem Liebsten nachtrauert. Auch der Leser fühlt sich berührt, denn aus allem Kling und Klang spricht ja eine tiefe Trauer, die keinem fremd ist, der je an Liebeskummer litt.

«Der Spinnerin Nachtlied» ist ein verzwicktes Gebilde, dem ersten Anschein zum Trotz. Denn zunächst klingen diese sechs Strophen mit ihren jeweils vier Verszeilen wie ein Lied von schöner Einfalt. Es ist wirklich so, als höre man jemanden singen, als wolle sich ein untröstliches Wesen selbst trösten, indem es sich einlullt in wiederkehrende Klänge und Sätze. Vor allem die Zeile «Ich sing und kann nicht weinen» hat einen suggestiven Sog, dem man sich kaum entziehen kann. Ganz am Ende kehrt sie leicht verändert wieder: «Ich sing und möchte weinen.»

Wenn man aber genauer hinsieht, dann bemerkt man eine gewisse Unverfrorenheit des Frankfurter Kaufmannssohns Brentano, der ein ziemlich fahriger Student gewesen sein muss, denn er studierte Bergwissenschaften, dann Medizin und schließlich Philosophie – also alles, was seinerzeit Mode war. Die Unverfrorenheit beginnt damit, dass er gleich in der ersten Strophe mit wohlfeilen Füllwörtern arbeitet, damit der Rhythmus stimmt: «...Wohl auch die Nachtigall, / Das war wohl süßer Schall...» Später kommt dieses nichtssagende «wohl» zum dritten Mal: «Denk ich wohl dein allein...» Und dann fällt auf, dass Brentano alle romantischen Bilder auffährt, die damals schon Klischees waren: der Mond und die Nachtigall, die einsame Spinnerin, das klare und reine Herz. Und dann spinnt sie den Faden «klar und rein», und auch der Mond scheint «klar und rein».

Und wenn man jetzt ein drittes Mal hinschaut, dann wandelt sich, was unverfroren wirkte, auf einmal ins Geniale. Es bestehen nämlich diese 24 Zeilen aus insgesamt nur 13 nahezu identischen Sätzen, was bedeutet, dass fast jeder doppelt vorkommt. Schließlich und vor allem die Reimklänge: davon gibt es lediglich vier, nämlich ...aren (...ahren), ...all, ...ein, ...einen. Und diese umarmenden Reime (a-b-b-a) sind so gebaut, dass die a-Zeilen weiblich enden (mit unbetonter Silbe) und die b-Zeilen männlich (mit betonter Silbe).

Das muss man erst mal hinkriegen: mit vier Reimen 24 Zeilen zu komponieren, die nirgends leiern oder scheppern, sondern ein Kunstgebilde ergeben, das eher Musik ist denn Literatur. Es könnte sich, modern gesprochen, um einen Blues handeln, der einem sehr einfachen musikalischen Schema folgt und mit wiederkehrenden Textelementen arbeitet. Diese Wiederkehr hatte oft auch den Sinn, dem Sänger Zeit zu geben, sich die nächste Zeile auszudenken, denn oft wurden die Lieder aus dem Stegreif gesungen. So auch hier. Es ist, als wolle diese inbrünstige und sicherlich schöne Sängerin mit magischen, untereinander kombinierbaren Beschwörungsformeln ihr Leid einhegen und so vermindern. Nichts anderes haben die frühen Blues-Sänger gemacht. Auch sie, wie die Spinnerin, waren zumeist Lohnsklaven.

Rund vierzig Jahre später, als motorgetriebene Webstühle die Weber in Armut stürzten, schrieb Heinrich Heine, anlässlich des Weberaufstandes 1844, sein revolutionäres und zur Revolte aufrufendes Gedicht «Die schlesischen Weber», wo es heißt: «Deutschland wir weben dein Leichentuch, / Wir weben hinein den dreifachen Fluch…» Brentanos Spinnerin ist noch eine einsame Handarbeiterin. Sie hat noch die Muße, ihr Unglück zu besingen. Und Brentano gibt ihr zu sagen, was sie leidet.

3.

Joseph von Eichendorff

Vorbei

Das ist der alte Baum nicht mehr,
Der damals hier gestanden,
Auf dem ich gesessen im Blütenmeer
Über den sonnigen Landen.

Das ist der Wald nicht mehr, der sacht
Vom Berge rauschte nieder,
Wenn ich vom Liebchen ritt bei Nacht,
Das Herz voll neuer Lieder.

Das ist nicht mehr das tiefe Tal
Mit den grasenden Rehen,
In das wir nachts viel tausendmal
Zusammen hinausgesehen. –

Es ist der Baum noch, Tal und Wald,
Die Welt ist jung geblieben,
Du aber wurdest seitdem alt,
Vorbei ist das schöne Lieben.

Ein Fall von Weltanschauung

Schläft ein Lied in jedem Eichendorff, aber vielleicht haben wir es zu oft gehört, haben das rechte Ohr nicht mehr für den schlichten, betörenden Klang. Der scheint so simpel, so kindlich, so naiv. Und wir erinnern uns an die fahrenden Gesellen, die durch die Wälder und Felder schweiften, und jedes Mal, wenn sie unter einem Baume rasteten, rauschte der Wipfel, ging der Blick über die Hügel, schien der Mond, und eine Laute lag griffbereit im Grase. Vorbei, vorbei.

Aber nehmt nur einen Band mit Eichendorff-Gedichten, und bald wird euch das alte Lied, habt ihr nur ein wenig Geduld, von Neuem bezaubern. Und dann seht ihr, wie die Erinnerung trügt. Das Simple an Eichendorff ist ja die Reduktion, die kunstvolle Aussparung, und naiv ist daran gar nichts. Realien wie der Schweiß unter der Achsel oder der Käfer unter der Borke interessieren den Dichter wenig. Die unentwegt herbeizitierte Natur ist vor allem der Schauplatz von Bedeutung, und die Bedeutung ist eine Funktion des Ichs, seiner Imagination und Wahrnehmung. Die Wälder, die vom Berge niederrauschen, die Sonnenstrahlen, die durch die Wolken herabfliegen – sie rauschen und fliegen ja nur, weil der Held es so will.

Auf einmal hört es auf. Nichts rauscht mehr. Und plötzlich begreift der müde gewordene Sänger die Ursache. Der Baum, das Tal, der Wald, die Welt: Sie sind geblieben, was sie immer waren. Nur er nicht. Er ist alt geworden. Aber es geht nicht nur um Alter und Tod, das Gedicht ist kein Abschied von dieser Welt. Eichendorff war damals, 1840, als er es schrieb, 52 Jahre alt, und er starb mit 69. Zwar ist es in der Regel der junge Spund, der auf die Kirschbäume und ins Blütenmeer über den sonnigen Landen steigt, zwar ist es der junge Liebhaber, der das Liebchen bei Nacht verlässt und nach Hause reitet oder mit der S-Bahn fährt, aber das Alter, von dem Eichendorff spricht, ist keines an Jahren.

Die Einbildungskraft, die wie von selbst die Welt zum Leuchten, das Zauberwort, das sie zum Singen bringt, ist nicht an die Jugend gebunden. Und ohne Einbildungskraft keine Liebe. Die Zeilen «Du aber wurdest seitdem alt,/ Vorbei ist das schöne Lieben» kann man auch auf die Liebste beziehen. Das wäre ja nun schade drum und der Lauf der Dinge. Jung liebt es sich halt schöner.

Aber so simpel ist der alte Eichendorff eben nicht. Mit «Du» redet der Dichter sich selbst an, aber er meint den Leser. Denn so schön, so beschwingt über Abschied und Vergänglichkeit zu dichten, das zeigt, dass der Autor noch immer das Zauberwort beherrscht. Jede zweite Zeile lässt er mit einem A-Klang enden (standen – Landen, sacht – Nacht, Tal – mal, Wald – alt), leichthändig wechselt er den Versfuß, elegant variiert er den Refrain des «nicht mehr» und stellt ihm das harte «noch» entgegen: «Es ist der Baum noch …»

Dieses traurige Lied über Abschied und Vergänglichkeit leuchtet und klingt derart, dass einem Hören und Sehen kommt. Hinter der Trauer steckt ein Appell. Er läuft darauf hinaus, dass eine jede Weltanschauung aus der Art und Weise sich bildet, mit der wir die Welt anschauen. «Die Welt ist jung geblieben.» Man muss nur richtig hingucken. Und es ist auch das Liebchen noch, man muss es nur liebevoll ansehen.

Das weiß man ja, dass Schönheit und das «schöne Lieben» weniger objektive Sachverhalte sind als Formen der Anschauung. Was objektiv wäre – auf diese Frage haben Eichendorff und die Romantiker ohnehin einiges zu sagen gehabt. Insofern ist der Titel, wie ja die Poesie überhaupt, auch nur ein Spiel, wenngleich ein ernstes. Vorbei ist gar nichts. Nur das Gedicht, nach genau 16 Zeilen. Und danach hat man das Herz voll neuer Lieder.

4.

Friedrich Hebbel

Lied

Komm, wir wollen Erdbeer'n pflücken,
Ist es doch nicht weit zum Wald,
Wollen junge Rosen brechen,
Sie verwelken ja so bald!

Droben jene Wetterwolke,
Die dich ängstigt, fürcht' ich nicht;
Nein, sie ist mir sehr willkommen,
Denn die Mittagssonne sticht.

All die sengend-heißen Strahlen,
Die uns drohen, löscht sie aus,
Und wenn sie sich selbst entladet,
Sind wir lange schon zu Haus!

Tändelnd flecht' ich dann die Rosen
In dein dunkelbraunes Haar,
Und du bietest Beer' um Beere
Meinen durst'gen Lippen dar.

Frivoler Trost

Im Sommer 1844, als Friedrich Hebbel mit einem Stipendium des dänischen Königs (Hebbel stammte aus dem damals dänischen Holstein) in Paris lebte, ärmlich und abgerissen wie immer, wird es wohl hin und wieder so heiß gewesen sein wie in diesem Gedicht, aber den Wald, der ihn sowieso nicht sehr interessierte, wird er nicht gesehen haben, und die Erdbeeren allenfalls auf dem Markt. Und es ist kaum wahrscheinlich, dass er so heiter gestimmt war, wie diese artig-unartigen Zeilen daherkommen, denn eben hatte er sein Trauerspiel «Maria Magdalena» vollendet, eben hatte er einen Brief seiner Freundin Elise Lensing aus Hamburg mit der Nachricht erhalten, dass der kaum vier Jahre alte gemeinsame Sohn an Hirnhautentzündung gestorben war.

Selbst wenn wir annehmen wollten, der empfindliche und empfindungsbereite Hebbel habe sich mit irgendeiner jungen Weiblichkeit getröstet, so wäre dieses kleine Schäferstück damit kaum erklärt. Es ist nämlich zunächst bloß eine Gelenkigkeitsübung in einer klaren und relativ strengen Form. Hebbel wählt den vierhebigen Trochäus, also die vierfache Abfolge einer betonten und einer unbetonten Silbe, und er reimt jeden zweiten Vers, was zu einer fließenden Bewegung führt. Wir können nämlich immer zwei Zeilen zu einem Langvers zusammenfügen, der sich dann mit dem nächsten Langvers reimt, und in der Tat liest sich das auch so: «Tändelnd flecht' ich dann die Rosen in dein dunkelbraunes Haar / Und du bietest Beer' um Beere meinen durst'gen Lippen dar.»

Wenden wir unseren Blick von der nicht sonderlich anspruchsvollen Form auf den Inhalt, dann sehen wir die eigentliche Übung, den eigentlichen Reiz dieses Gedichts. Er besteht in dem Versuch, so nah wie irgend möglich an die Grenze des erotisch eben noch Erlaubten und Sagbaren zu gehen, ohne sie zu überschreiten.

Ja, es handelt sich um eine Männerfantasie der simpelsten Art. Aber welch schönen und heiklen Aufwand treibt sie! Es ist schwül, ein Gewitter droht, und das Mädchen fürchtet sich. Nicht ohne Grund, wie man sieht. Denn die Metaphern steigern sich nicht allein ins sprachlich Riskante, sondern auch ins eindeutig Frivole: vom Erdbeerenpflücken und Rosenbrechen bis zu den sengendheißen Strahlen und der Mittagssonne, die sticht. Da staut sich etwas auf, da will sich etwas entladen, und dieses Etwas besteht sicherlich nicht allein aus jener Wetterwolke droben.

Übrigens verstößt die Zeile «Und wenn sie sich selbst entladet» gegen den Rhythmus, und das kann kein Zufall sein. Denn das metrisch regelwidrige Wörtchen «selbst» wäre leicht zu entbehren. Es staut den Fluss der Worte und Bilder im entscheidenden Augenblick, und die Zeile «… Sind wir lange schon zu Haus» vermittelt den Eindruck, dass danach etwas überstanden sei, für den Mann wie das Mädchen. Und dann folgt in der letzten Strophe ein Bild der Eintracht und Versöhnung.

Hebbel nennt das Ganze ein «Lied», und mehr ist es auch nicht. Man (und hier vielleicht doch eher der Mann) könnte es vor sich hinsummen und sich damit in eine heiter-anzügliche Stimmung bringen: «Komm, wir wollen Erdbeer'n pflücken …». Sicherlich hat sich Hebbel von der anakreontischen Dichtung des Rokoko animieren lassen, die noch in Goethes «Heideröslein» wiederkehrt. Hier aber klingt es eine Spur frivoler, härter fast. Und zugleich ist dieses Lied ganz deutlich eine Fantasie (keine sehr unschuldige, wie man zugeben muss), nicht die Darstellung eines wirklichen Vorgangs. Es ist eine mit großem Kunstverstand angefertigte Petitesse. Wenn man sich vor Augen hält, worum es letztlich geht, dann wird man es vielleicht bedauern, dass in der heutigen Medienwelt an die Stelle solch ästhetischer Sublimation zumeist verbale und optische Grobheit getreten ist. Jedenfalls hat sich der 1844 in Paris ziemlich einsame Hebbel ungleich subtiler und intelligenter getröstet.

5.
Theodor Däubler

Winter

Geduldig ist der Wald,
Behutsamer der Schnee,
Am einsamsten das Reh.
Ich rufe. Was erschallt?
Der Widerhall macht Schritte.
Er kehrt zurück zu seinem Weh.
Das kommt heran wie leise Tritte.
Er findet mich in meiner Mitte.
Warum hab ich den Wald gestört?
Vom Schnee ward nichts gehört.
Hat sich das Reh gescheut?
Wie mich das Rufen reut.

Kein Trost im Wald

«Winter» ist eines von immerhin 17 Gedichten Theodor Däublers, die in der berühmten Anthologie des Expressionismus «Menschheitsdämmerung» abgedruckt wurden – herausgegeben von Kurt Pinthus im Herbst 1919. Däubler liebte das Ausrufezeichen, die gewagte Metapher und die gedrechselte Form, er stürmte mit seinen Gedichten zum Himmel empor und wieder zurück ins abenteuerliche Herz. Gemessen daran ist dieses Wintergedicht sehr bescheiden im Aufwand, geradezu wortkarg. Worum geht es? Ein Mann steht im Wald, es liegt Schnee, er ruft und hört sein Echo. Irgendwie scheint ihm das unheimlich, und es tut ihm leid, dass er gerufen hat.

Wenn wir das Gedicht so referieren, verhalten wir uns ähnlich wie Alexander von Humboldt in Daniel Kehlmanns Roman «Die Vermessung der Welt», wo Humboldt auf einer südamerikanischen Expedition das seiner Ansicht nach «schönste deutsche Gedicht» (Goethes «Über allen Gipfeln ist Ruh») ins Spanische übersetzt: «Oberhalb der Bergspitzen sei es still, in den Bäumen kein Wind zu fühlen, auch die Vögel seien ruhig, und bald werde man tot sein.»

Fangen wir also noch mal an. Da ist zunächst das kunstvolle Reimschema. Die ersten vier Zeilen haben einen umarmenden Reim (a-b-b-a), die letzten vier haben Paarreime (d-d-e-e). Und die mittleren vier Zeilen greifen zum Anfang zurück, erinnern mit dem Reimwort «Weh» an die vorangegangenen Reime «Schnee» und «Reh» und fügen ganze drei gleiche Reime an: «Schritte», «Tritte», «Mitte». Der Dichter zeigt, was er kann, und gibt sozusagen eine freiwillige Reimzugabe.

Nun gut, das ist noch kein Beweis für irgendwas, zeigt aber doch, dass hier ein selbstbezügliches Spiel gespielt wird. Der Sprachklang wiederholt sich, fällt auf sich selbst zurück. Er bleibt gefangen in seinem eigenen Hallraum. Genau das ist das Thema des Gedichts. Es erzählt von jener Einsamkeit, die denjenigen, der sie gar nicht gesucht hat, plötzlich überfallen kann. Da steht einer im Wald und ist allein mit sich selbst – befangen und gefangen. Wahrscheinlich ist er ein bisschen spazieren gegangen, hat die Stille und den Trost der Natur gesucht. Und jetzt stößt er einen Ruf aus. Aus einer Laune heraus? Der Mann ist kein Jägerbursche aus Oberbayern, der zu jodeln beginnt, weil man das als Jäger halt so macht. Er ruft, weil er sich einsam fühlt. Und einsam fühlt er sich, weil ihm die Natur fremd und fern und kalt erscheint, eben nicht als jenes freundliche oder bedeutungsvolle Gegenüber, das uns in der Tradition des deutschen Naturgedichts («Über allen Gipfeln ist Ruh…») so gern begegnet.

Auf diese Tradition spielt Däubler an, denn das übliche, etwas kitschig gewordene Interieur ist da, der Wald, der Schnee, das Reh. Und jetzt erlaubt sich Däubler einen kleinen, feinen Kunstgriff. Er steigert «geduldig, behutsamer, am einsamsten». Er tut so, als ob die drei Begriffe identische oder ganz ähnliche Haltungen bezeichneten. Und zweitens tut er so, als wäre die Natur menschlich, als könnte der Wald geduldig sein, der Schnee behutsam und das Reh einsam. Aber das ist ein Missverständnis. Hier gibt es kein Gegenüber, niemand antwortet. Und der Widerhall des Rufs läuft zu ihm selbst zurück. «Er findet mich in meiner Mitte.» Das nun ist keine willkommene Botschaft, denn der Rufende will ja Antwort. Er will keineswegs erfahren, dass es niemanden gibt außer ihm selbst. Die Mitte ist das «Weh», das ihn offenbar schmerzt.

Lieber also hätte der Mann nicht gerufen. Und er fragt sich: «Hat sich das Reh gescheut?» Gescheut zu antworten? Ist es scheu geworden? An dieser Stelle, die von ferne der Reimzwang lenkt oder die Reimlust, wird das Gedicht wieder zum Spiel. Davor aber war ein kleines, bitteres Erschrecken darüber, was es heißt, ein moderner Mensch zu sein, ein Mensch, abgetrennt von allen hergebrachten Tröstlichkeiten, von denen eine allerdings bleibt: dass es gelingen kann, dieser Erfahrung eine mit dem Hergebrachten spielende Form zu geben.

Theodor Däubler, geboren 1876 in Triest, war überall in der Alten Welt zu Hause, lebte in Paris, Wien, Dresden, Florenz, Berlin, auch in Griechenland, und er starb 1934 in St. Blasien im Schwarzwald. Sein verzweigtes Werk ist ziemlich vergessen, aber dass er ein Stilist und Subtilist ersten Ranges war, zeigt dieses kleine Wintergedicht.

6.

Georg Heym

Fröhlichkeit

Es rauscht und saust von großen Karussellen
Wie Sonnen flammend in den Nachmittagen.
Und tausend Leute sehen mit Behagen,
Wie sich Kamele drehn und Rosse schnelle,

Die weißen Schwäne und die Elefanzen,
Und einer hebt vor Freude schon das Bein
Und grunzt im schwarzen Bauche wie ein Schwein,
Und alle Tiere fangen an zu tanzen.

Doch nebenan, im Himmelslicht, dem hellen,
Gehen die Maurer rund, wie Läuse klein,
Hoch ums Gerüst, ein feuriger Verein,
Und schlagen Takt mit ihren Mauerkellen.

Der Tanz der Dinge

Elefanten reimen sich auf Tanten, aber nicht auf Tanzen. Georg Heym, den wir auch als den apokalyptischen Sänger der modernen Stadt kennen, scheint hier von einer geradezu morgensternschen Unbekümmertheit ergriffen. Morgensterns «Lattenzaun» zum Beispiel endet mit den Zeilen: «Der Architekt jedoch entfloh / nach Afri- od- Ameriko.» Ebenso reimbrecherisch erfindet Heym die Elefanzen, damit sie tanzen.

Zwischen beiden gibt es seltsame Verwandtschaften: Sie studierten Jura und starben jung, Morgenstern mit 42 Jahren, Heym gar mit 24 (Schlittschuh laufend auf der Havel versank er im Eis), und sie schrieben ihre berühmten Gedichte etwa zur selben Zeit, um 1910, 1911 herum. Es muss ein verrückter, ein großer Augenblick gewesen sein. Etwas lag in der Luft, ein Brausen vielleicht, ein Duft, gemischt aus Flieder und Benzin. Die Gedanken delirierten, Furcht und Kühnheit befeuerten einander. Es war eine kurze Zeit, es war die «Menschheitsdämmerung», wie Kurt Pinthus seine Anthologie expressionistischer Lyrik nannte. Es gibt keine literarische Epoche, deren Anfang so auf den Tag genau zu datieren ist wie die des Expressionismus, und sie beginnt mit den Zeilen «Dem Bürger fliegt vom spitzen

Kopf der Hut». So das «Weltende» des Jakob van Hoddis, und vier Jahre später kam etwas, was ziemlich danach aussah, der Krieg.

Hier aber, in Heyms Gedicht «Fröhlichkeit», ist davon nicht die Rede. Die alte Ordnung ist noch da, noch gibt es einen Jahrmarkt mit Karussell und Schwänen und Rossen, noch Maurer, die oben auf dem Gerüst ihrer Arbeit nachgehen. Aber schon beginnen die Verhältnisse zu tanzen. Die ganze Welt, so heißt es zu Beginn, ist ein einziges Karussell, sie rauscht und saust und wird zum Juxplatz, und das tote, bunte Holz der Tiere auf dem Karussell erwacht zum Leben – ein heiterer, ein verrückter, gespenstischer Vorgang, der auch die Kosmologie erfasst, denn die Sonnen flammen; der schließlich sogar die rationale Welt der Arbeit erfasst, denn die Maurer werden zum feurigen Verein, vergessen ihren Auftrag und benutzen ihre Kellen als Schlagzeug.

Die Welt ist aus den Fugen, aber keiner scheint es zu bedauern. Man sieht es mit Behagen, es ist zum Lachen, man grunzt wie ein Schwein. Im hellen Himmelslicht erscheint alles gestochen scharf, sogar die läusekleinen fernen Maurer. Ein schönes Bild, ein Bild der Fröhlichkeit. Die Fröhlichkeit aber transzendiert die vorgefundene Banalität einer Stadt und ihres Jahrmarktes. «Mein Gott – ich ersticke noch mit meinem brachliegenden Enthousiasmus in dieser banalen Zeit», notierte Georg Heym am 15. September 1911, ziemlich genau zu jener Zeit, da er dieses enthusiastische Gedicht schrieb. Die Verhältnisse: Sie tanzten zuallererst in den Köpfen derer, die nicht stumpf genug waren, um zu übersehen, dass sie nicht mehr haltbar waren.

In diesem Gedicht beginnt der Tanz in der Sprache. Noch bewegt sie sich in den vertrauten, überlieferten Formen, bedient sich des umarmenden Reims (a-b-b-a), berauscht sich am dreifachen «au» in «rauscht» und «saust» und «tausend», vertraut also der alten Magie. Aber schon tanzen die Elefanzen, schon reimen sich unrein «Karussellen» auf «schnelle», und einigermaßen unklar ist, wer da vor Freude das Bein hebt und grunzt: der Schwan oder der Elefant, das Ross oder das Kamel – oder gar einer der tausend Leute. Und schon schneidet in dieses Bild die moderne, himmelstürzende Perspektive, die steil hinauf in den Himmel geht und die Sonnen und die Maurer und das Karussell jählings in eins zusammenzieht.

Weshalb schreibt jemand Gedichte, weshalb lesen wir sie? Vielleicht doch auch, um die Zeit zu stoppen, ihren Lauf im bewegenden, erhellenden Augenblick auf einmal anzuhalten, damit wir erkennen, was war, was ist.

7.

Elisabeth Borchers

eia wasser regnet schlaf

I
eia wasser regnet schlaf
eia abend schwimmt ins gras
wer zum wasser geht wird schlaf
wer zum abend kommt wird gras
weißes wasser grüner schlaf
großer abend kleines gras
es kommt es kommt
ein fremder

II
was sollen wir mit dem ertrunkenen matrosen tun?
wir ziehen ihm die stiefel aus
wir ziehen ihm die weste aus
und legen ihn ins gras

mein kind im fluß ists dunkel
mein kind im fluß ists naß

was sollen wir mit dem ertrunkenen matrosen tun?
wir ziehen ihm das wasser an
wir ziehen ihm den abend an
und tragen ihn zurück

mein kind du mußt nicht weinen
mein kind das ist nur schlaf

was sollen wir mit dem ertrunkenen matrosen tun?
wir singen ihm das wasserlied
wir sprechen ihm das grasgebet
dann will er gern zurück

III
es geht es geht
ein fremder
ins große gras den kleinen abend
im weißen schlaf das grüne naß
und geht zum gras und wird ein abend
und kommt zum schlaf und wird ein naß
eia schwimmt ins gras der abend
eia regnet's wasserschlaf

Schlafensangst, Ertrinkensangst

Dieses Gedicht aus dem Jahr 1960, eines der ersten von Elisabeth Borchers, ist gewissermaßen ihre «Blechtrommel», denn kaum einer, der sie später rühmte, hat versäumt, an den Skandal vor Urzeiten zu erinnern. «eia wasser regnet schlaf» erregte, als es vor rund fünfzig Jahren in der «FAZ» abgedruckt wurde, Aufruhr bei den Lesern. Keiner, weder die Redaktion noch gar Elisabeth Borchers, hatte ihn vorausgesehen oder gewollt. Tapfer wehrte sich die Dichterin gegen die in Leserbriefen erhobenen Vorwürfe der «Volltrunkenheit», der «Verdummung» und der «entarteten Kunst».

In diesen Tagen eines anderen Jahrtausends, das wahrhaft andere Probleme hat, erscheint es absurd, dass ein argloses Gedicht solchen Wirbel auslösen konnte. «eia wasser regnet schlaf» gehört noch immer zu den schönsten Gedichten von Elisabeth Borchers, und keiner, der es heute liest, fühlt sich dadurch verletzt, weder durch die Kleinschreibung noch durch das traumverlorene Spiel mit Wortklängen, Märchenmotiven und Mythenzauber.

Einige Leser damals verübelten es der Autorin, dass sie den ertrunkenen Matrosen frivol behandele, anstatt Sorge zu tragen, dass er anständig bestattet werde. Offenbar hatten sie das ehrwürdige Shanty «What shall we do with the drunken sailor» noch nie gehört. Hier allerdings ist der Matrose nicht be-, sondern leider ertrunken.

Schlaf und Tod sind miteinander verwandt, die literarische Metaphorik speist sich seit alters her aus dieser Nähe, und die Sprache der Pietät schöpft daraus tröstliche Klischees. Insofern sind die Zeilen «mein kind du mußt nicht weinen / mein kind das ist nur schlaf» ambivalent. Eltern kennen die Angst kleiner Kinder vor dem Schlaf. Auch Erwachsene haben sie. Hier erscheint sie als die Angst vorm Ertrinken. Nässe durchdringt die Bilder des Gedichts, das Wasser, der Regen, der Fluss. Alles schwimmt, und kein Trockenes bietet Halt.

Das älteste Mittel gegen die Schlafangst, gegen die Todesangst ist das Lied. Die Dichterin entsinnt sich vertrauter Beschwörungsformeln, des besänftigenden «eia popeia», des einschläfernden Refrains, der Melodie der Vokale, und sie spendet sich selbst Trost. Sie braucht ihn, denn: «es kommt es kommt / ein fremder». Wer ist es? Wenn sie das wüsste, müsste sie keine Angst haben. Vielleicht ist es der Tod, vielleicht nur der Schlaf. Also singt sie ein Lied im dunklen Wald, singt das Wasserlied, spricht das Grasgebet. In der Abenddämmerung, wo hinter dem Busch oder hinter der Tür die Gespenster lauern, verfärben sich die Farben, das Wasser wird weiß und der Schlaf grün wie das Gras.

Poesie ist immer auch ein Selbstgespräch. Jemand spricht: das Ich. Ein anderer lauscht: das Ich. Das ist ganz ursprünglich, vegetativ, jeder kennt es. Aber wirkliche Poesie beginnt da, wo dieser halb bewusste Vorgang hinübergerettet wird in eine objektive Kunstform. Sie spielt ein Spiel mit Klängen und Formen. Man kann sehen, wie das Gedicht gemacht ist, wie geometrisch die Proportionen sind, wie lange und kurze Zeilen rhythmisch aufeinander bezogen sind (liedhaft eben) und wie die Klänge und Bedeutungen der Wörter einen Wechselgesang anstimmen. Man sieht auch die Tradition, auf die es sich bezieht, den Surrealismus, die Moderne. Ebenso gut kann man dieses Wiegenlied gegen die Verschwindens- und Verschwimmensangst vor sich hinsummen oder einem Trostbedürftigen vorsingen und sagen: Schlaf gut! Mehr an Bedeutung muss gar nicht sein für ein gutes Gedicht.

Letzten Endes hat es seine Vorteile, dass wir nun in einer anderen Zeit leben und nicht mehr in den furchtsamen, furchtbaren Fünfzigern. Damals hatte man Angst vor der «Blechtrommel» und sogar Angst vor einem Gedicht wie diesem. Natürlich sind wir auch heute nicht gegen alle Gespenster gefeit, aber doch gegen manche. Womöglich haben uns die Dichter dabei geholfen.

8.

Clemens Eich

Als ich dich umbrachte, Indianerbruder

Wir mit den Fischerstiefeln im Uferwasser,
haben mit uns gebrochen,
bevor es uns gab.
Mit den Brombeersträuchern
schlinge ich mich um dich,
mit dem Würgegriff
meiner Hingabe
halte ich zu dir,
deine Haare sind
naß und schwarz,
das Weiße in deinen
Augen liebt
deinen Bruder,
mich.

Abschied von der Kindheit

Indianerspiele, Mannbarkeitsspiele im Ufergebüsch, so sieht es aus. Jugendlich verwegene Raufereien, bei denen Spiel und Ernst, Mordlust und das kurze Aufleuchten einer homoerotischen Neigung ein und dasselbe sind. Das Weiße im Auge des Feindes erblickt man im Nahkampf. Der Kämpfende umschlingt seinen Gegner mit Brombeerranken und nimmt ihn in den Würgegriff. Das schmeckt nach Blut. Aber die bedrohlichen Bilder enthalten zugleich ihr Gegenteil. Der Würgegriff ist auch eine Umarmung, der Kampf ist auch eine Hingabe, und der Blick ins Weiße des Auges ist zugleich ein Blick der Liebe.

So könnte es sein. Aber wir haben bei dieser Deutung die Überschrift vergessen: «Als ich dich umbrachte, Indianerbruder». Der Zweikampf nahm offenbar kein friedliches Ende. Starb da einer den Liebestod? Der erste Satz des Gedichts gibt einen Hinweis: Dieses «Wir» meint nicht nur die zwei Kämpfenden, sondern es spricht von einer allgemeinen Erfahrung. Sie erinnert an den Titel eines Buches von Thomas Brasch: «Vor den Vätern sterben die Söhne» (1977). Im Gedicht heißt es: Wir «haben mit uns gebrochen, / bevor es uns gab.» Ein merkwürdiger Satz. Der Riss geht durch das «Wir» hindurch. Und er war schon vorher da, vor der Geburt: «Wir mit den Fischerstiefeln» – das ist das Bild einer Zwischengeneration. Sie hat das feste Land schon verlassen, das freie Meer noch nicht gewonnen. Man gewinnt es nicht in Fischerstiefeln. Entweder schwimmt man hinaus ins Offene, oder man bleibt unter den Brombeersträuchern hocken.

So gesehen können wir eine andere Lesart probieren. Zwar handelt es sich um einen Zweikampf, aber es geht um nur eine Person, um eine gespaltene. Der Kämpfende kämpft mit sich selbst. Die Stiefel im Wasser, verstrickt in die Brombeeren, nimmt er Abschied von der Kindheit. Den Indianerbruder bringt er um, den pubertären Teil seines Ich. Ihm blickt er ins Weiße des Auges, zum letzten Mal. Ringend mit sich selbst, verlässt er festen Boden und wagt sich ein Stück weit vom Ufer weg ins Ungewisse.

Bei Nestroy sagt der Holofernes: «Ich möcht' mich einmal mit mir selbst zusammenhetzen, nur um zu sehen, wer der Stärkere is, ich oder ich.» Aber Clemens Eich ist nicht komisch. Die Erfahrung, von der er berichtet, ist schmerzlich. Erwachsen zu werden heißt, viele kleine Tode zu überleben. Das Gedicht treibt keinen Aufwand damit. Pathos liegt ihm fern. Eine immer noch jugendliche Leichtfüßigkeit treibt den Rhythmus an, der sich beschleunigt: von der ersten Zeile, die zugleich die längste ist, bis zur letzten und kürzesten Zeile. Es ist der Weg vom Wir zum Ich.

Nahezu alle Gedichte des ersten Buches von Clemens Eich nehmen Abschied: von den Eltern, von der Kindheit und ihren vertrauten, geordneten Bildern. «Leben lernen» heißt ein Gedicht. Das ist bekanntlich mühsam. Aber Eichs Gedichte erzählen nicht von der Mühe, und sie kultivieren auch nicht den ewigen Zorn der Jungen gegen die Alten.

Ihr Ton ist der einer plötzlichen Verwunderung, eines über-
raschten Gewahrwerdens. Jemandem gehen die Augen auf,
und er sieht etwas, was du nicht siehst. «Aufstehn und
gehn» heißt der Gedichtband. Es ist das Motto einer Generation, die nach den Achtundsechzigern kam und einen
anderen Weg als den des Protests ging.

Clemens Eich (1954 bis 1998) war der Sohn von Ilse
Aichinger und Günter Eich. Zwei berühmte Dichter als
Eltern zu haben ist ein spezielles Handicap, und mancher
Sohn hätte daraus den Schluss gezogen, Lokomotivführer
zu werden. Clemens Eich wurde Schauspieler. Er brachte es
bis zu jenem Punkt, an dem eine Karriere hätte beginnen
können. Die äußeren Bedingungen waren günstig (1976
bis 1979 Engagement am Schauspiel Frankfurt), nicht jedoch die inneren. Clemens Eich brach ab und begann zu
schreiben. Ausgerechnet Gedichte. Sie beweisen, dass er
nicht nur der Sohn war, sondern ein Dichter eigener Qualität. Das zeigen auch der Roman «Das steinerne Meer»
(1995) und seine aus dem Nachlass herausgegebenen «Aufzeichnungen aus Georgien» (1999).

9.

Hellmuth Opitz

Liste kleiner Traurigkeiten

Der zu kurze Haarschnitt.
Das Schreiben des Anwalts.
Die Stimme von Lucinda Williams,
wenn sie um die Ecke eines
Abends biegt. Ach ja, der
Kaffeebecher mit dem Aufdruck
Autocentrum Rahlstedt, die
sommersprossenübersäte Schulter
und ihre Unerreichbarkeit am
anderen Ufer des Bettes.
Wunderbar kannst du das aufzählen,
zählst das auf, ohne mit der
Wimper, du weißt schon, aber
gerade jetzt, beim Aufschneiden
der Tütensuppe, erwischt es dich.
Du liest die Packung und es
ruckt in der Kehle, die Augen
brennen, du liest noch einmal
und es erwischt dich, erwischt
dich mit einem einzigen Satz:
Bitte heißes Wasser hinzufügen.

Romantik ohne Herz und Schmerz

Man kennt solche Tage: Die Seife flutscht einem durch die Finger, der Schnürsenkel reißt, und im Briefkasten liegt der Steuerbescheid. Etwas verdunkelt sich, trübe Träume mischen sich ungebeten in die üblichen Verrichtungen und eröffnen Ausblicke ins Bodenlose. Dem Helden dieses kleinen Gedichts – ein unbekannter Held der Alltäglichkeit – begegnen nicht wenige solcher unheilvollen Zeichen, und dass sie vollkommen banal sind, mindert nicht ihre Bedrohlichkeit.

Unser Held, das verrät die erste Zeile, ist noch relativ jung, jedenfalls ein Mann mit Haaren auf dem Kopf, die nun, da er beim Friseur war, schändlich kurz geraten sind, und der Hinweis würde ihn kaum trösten, dass diese Demütigung ein Privileg der jungen Jahre ist. Jedenfalls sitzt er nun da, liest den vermutlich unangenehmen Anwaltsbrief und hört eine Platte mit Liedern der Blues- und Country-Sängerin Lucinda Williams. Wir dürfen annehmen, dass die Songs, die nun die Küche erfüllen, eher sentimentalen Charakters sind, denn sie biegt «um die Ecke eines Abends». Und der Abend, das wissen wir nicht erst seit Hölderlin, ist eine riskante Zeit für einsame junge Herzen: «In jüngern Tagen war ich des Morgens froh, / Des Abends weint ich...» Bevor es dazu kommt, trinkt er

Kaffee aus einem Becher mit dem Aufdruck «Autocentrum Rahlstedt». Wir wollen die Rahlstedter nicht kränken, aber Nichthamburgern sei gesagt, dass Rahlstedt kaum zu den touristischen Höhepunkten der Hansestadt gerechnet werden kann.

In dieser Lage nun ereilt ihn die Erinnerung an «die / sommersprossenübersäte Schulter / und ihre Unerreichbarkeit am / anderen Ufer des Bettes». Und jetzt erfahren wir den eigentlichen Grund seiner untröstlichen Trauer: Es sind nicht die zu kurzen Haare, es ist nicht der Brief des Anwalts und nicht Rahlstedt, es ist eine unglückliche Liebe. Er erinnert sich ihrer Schulter als des letzten Anblicks – nicht ihres Antlitzes. Ein Abschied, ein Ende. Und die Sommersprossen machen das alles noch schwieriger. Was folgt, muss man weiter nicht erklären: Eine Tütensuppe, heißes Wasser, heiße Tränen.

Der Tütensuppenabgang zeigt, wie Hellmuth Opitz seine Gedichte macht: mit einer großen Lakonie, mit einer kleinen Ironie. Kein sprachliches Ornament schmückt den Vorgang, und keine große Anrufung mildert die Tristesse. Denn banaler als die Tütensuppe kann ja nichts sein, und natürlich ist auch die Schulter am anderen Ufer des Bettes banal. Aber banal sind unsere Leiden ja meistens, vom gerissenen Schnürsenkel bis zur kalten Schulter und zur heißen Suppe.

Hellmuth Opitz, Jahrgang 1959, ist jung genug, um derlei empfinden zu können, und alt genug, um es gerade so wichtig zu nehmen, wie es angesichts der wirklichen Probleme und des wirklichen Elends ist, nämlich halb so wichtig – wie Gustav mit der Hupe (in Erich Kästners «Emil und die Detektive») zu sagen liebte. «Wunderbar», so heißt es, könne der Kurzgeschorene das alles aufzählen, denn sicherlich gehört er zu jenen coolen Typen, denen die alte Romantik mit Herz und Schmerz schlichtweg schnurz ist. Aber siehe da: Sie ist noch da – jetzt aber ohne Reim und ohne Rhythmus, gesprochen wie nebenbei. Das Traurige ist komisch und das Komische traurig. Nur zwei bescheidene, sorgsam gesetzte Metaphern ragen hervor aus der alltagsüblichen Rede: die «Ecke eines Abends» und das «andere Ufer des Bettes». Und hier gewinnt das Gedicht poetische Transzendenz.

Dem Leidenden ist sein eigenes Leid unmittelbar. Mehr als Goethes großes Wort «Und wenn der Mensch in seiner Qual verstummt, / Gab mir ein Gott, zu sagen, was ich leide» kann uns armen Gottlosen, wenn sich die Liste der kleinen Traurigkeiten bitter und allmählich füllt, ein Gedicht wie das von Opitz den Tag erhellen: Ein großes kleines Gedicht, und das zu schreiben, so fraglos in seiner Leichtigkeit, ist wahrlich nicht leicht.

Norbert Hummelt

kreuzreim

extrem wie sich die blätter rasch verfärben
muß fegen gleich u. wind kommt u. so fort
so kann auch was sich reimt sehr rasch verderben
weswegen auch egal hier welches wort
der sinn liegt auf der straße, wird vermittelt
es schimmert violett aus manchem blick
so ähnlich ist mein kopf halbiert (gedrittelt?)
was aufgeschrieben wird kommt nicht zurück
der neigungswinkel zählt, so geht es allen
september ist ein stichwort unter vielen
der vers erhebt sich fünfmal um zu fallen
so sucht wohl auch der wind nach neuen zielen
nordwest / nordost u. wieder nichts zu reißen
thematisch läßt sich wenig daran ändern
die nähmaschine läuft: was soll das heißen?
der winter kommt, es schneit schon an den rändern
es ließe sich nach manchen dingen fragen
zum beispiel was die dunkelheit betrifft
die ampeln haben neues nicht zu sagen
am ende geht es nur noch um die schrift
u. weiter mit der schere: kann nicht lesen
die nerven machen langsam nicht mehr mit
ich glaube es ist hölderlin gewesen
statistisch jeder dritte hat die / schnitt
am morgen bleibt das licht der zigarette
das klingt sehr metaphorisch (ist es nicht)
im grunde nur ein glied in einer kette

der schatten deiner stimme hat gewicht
im fenster ist die stadt nicht mehr zu sehen
im text ist das ein schönes element
wahrscheinlich wird ein blatt vorüberwehen
semantisch ist da niemand so mich kennt
der winter wird das opfer einer blende
ich zähle schon die lampen (es sind acht)
vielleicht nun kommt die zeit der weißen wände
der dichter geht zur ruhe: gute nacht.

Der dritte Ton

Bevor wir unwirsch werden und nach seiner Botschaft fragen könnten, hat uns Norbert Hummelts Gedicht mit seinem schönen, freien Schwung schon emporgehoben, hat uns davongetragen auf den Flügeln von Jambus und Kreuzreim, und der geschwinde Wechsel der Gedanken und Bilder hat denselben Effekt wie Rilkes Gedicht «Jardin du Luxembourg»: «Und das geht hin und eilt sich, dass es endet / und kreist und dreht sich nur und hat kein Ziel.»

So rauschen wir also ziemlich widerstandslos durch diese 36 Zeilen, bis der Dichter ebenso sanft wie entschlossen sein Karussell stoppt und uns mit einem Gutenachtgruß nach Hause schickt. Da reiben wir uns erstaunt die Augen: War da was? Oder war es nur Blendwerk? Ein hübsches, intelligentes Blendwerk. Denn Poesie ist Gegen- oder Nebenwirklichkeit. Wir können hier beobachten, wie sie ihre eigene Welt entwirft und zugleich sich selbst bei der Arbeit zuschaut.

Es beginnt einigermaßen traditionell mit dem Gestus des Herbstgedichts. Aber bevor sich das Bild entfalten kann, das Bild von den bunten Blättern und vom Herbstwind, wirft sich der Dichter nervös dazwischen. So ungeduldig ist er, dass er in Kurzschrift verfällt: «u. so fort». Es ist, als hätte er schon zu viele Herbstgedichte gelesen, als wäre längst klar, wie es mit Hebbel / Rilke / Trakl und all den Heroen der Gattung gleich weitergehen müsste, sodass diesem Nachfahren gar nichts anderes bleibt, als die Blätter, die Verse zusammenzufegen und sorgenvoll vor sich hinzumurmeln: «so kann auch was sich reimt sehr rasch verderben».

Plötzlich kriegt der Titel «kreuzreim» einen tückischen Klang: Es ist wahrlich ein Kreuz mit dem Reim! Der Kreuzreim (a ‑ b ‑ a ‑ b) ist zwar nur eine winzige Spur anspruchsvoller als der kindliche Paarreim (a ‑ a ‑ b ‑ b). Aber so simpel er klingt, so sehr zwingt er den Dichter ins Korsett, und dem werden zusätzlich Stäbe eingezogen, nämlich die des fünfhebigen Jambus, der hier abwechselnd betont und unbetont endet.

«der vers erhebt sich fünfmal um zu fallen / so sucht wohl auch der wind nach neuen zielen», heißt es dann, und wieder setzt das Gedicht die Realität des Binnenraums gegen die Realität der Außenwelt – hier der Wind, der sich ein Opfer sucht; dort das Reim- und Rhythmusgebot, das Entsprechung erzwingt. Reim dich oder ich fress dich! Wer die großen Dichter überkritisch liest, wird bemerken, wie selbst dort die strenge Form nicht immer nur die großartigen Einfälle produziert, sondern hier und da auch Verlegenheiten (wobei, in Klammern gesagt, Schiller allein deshalb schon als Genie betrachtet werden muss, weil es ihm zumeist gelingt, die formale Verlegenheit derart zu steigern, bis daraus ein unendlicher Knaller wird).

Mit derlei spielt Norbert Hummelt, und «derlei» ist eine Mischung aus Ahnung und Gegenwart, aus Handwerk und Inspiration. Zuweilen ist er der Meister, dann wieder nur der Zauberlehrling, der die überlieferten Kunstgriffe mit wechselndem Glück imitiert. Dann hört er hinein in das, was er neu im alten Ton angerichtet hat. Dann lesen wir Zeilen wie «die ampeln haben neues nicht zu sagen» oder «der winter kommt, es schneit schon an den rändern», und es ist klar, dass diese poetisch erschaffene Welt vom Zufall bedroht ist («der sinn liegt auf der straße»), und auch vom Zerfall – sodass vielleicht am Ende gar nichts bleibt. «am ende geht es nur noch um die schrift», heißt es. Dann ist von Hölderlin die Rede, und des Dichters Rede beginnt zu stocken: «die nerven machen langsam nicht mehr mit». Aber allzu tragisch müssen wir das nicht nehmen, den Norbert Hummelt (übrigens 1962 geboren) hat etwas, was ich den dritten Ton nennen möchte: Weder ist er Parodie noch Pathos. Sein Gedicht lebt aus dem überlieferten Klang und trägt ihn weiter, hinein in unsere prosaischen Tage. Jetzt klingen sie.

11.

Nadja Küchenmeister

nebel

über dem boden hängt der erste nebel
langsam aufgestiegen aus dem holz
der nacht und deckt die dielen zu im flur
die fliesen und wabert hin zur haustür
wo der hund im zug die ohren aufgerichtet
blinden auges wacht und schlägt ans fenster
schon als schmaler streif ich greife stumm
nach deiner hand die luft wiegt leicht
so zwischen dir und mir nur eine atemtreppe
du gehst in ungestörtem rhythmus auf
und ab und windgebogen ähren deine wimpern
die zart geäderte struktur durchpulster lider
darüber schwebend eine weiße wand ich falle
eine spur kaum sichtbar kriecht in meine atemwege
die laute von erstickter kehle kehren wieder
und alle worte die ich einmal kannte sind nur mehr
geflockte stunden auf der zunge bitterschwer

Bitterschwer

Ein Bild, ganz gleich, ob es mit dem Pinsel gemalt ist oder mit Wörtern, hat eine objektive Gegenständlichkeit, es zeigt Dinge und Menschen, vielleicht auch nur Farben und Formen, die man rasch benennen könnte. Aber es ist klar, dass damit wenig gesagt ist, entscheidend sind die Zwischenräume, in denen sich Bedeutung ansiedelt, einerseits die vom Autor vielleicht gedachte, andererseits die vom Leser oder Betrachter empfundene.

Nadja Küchenmeisters Gedicht öffnet sehr gekonnt solche Zwischenräume, es spielt mit Übergängen, Vieldeutigkeiten, Unschärfen. Die Überschrift «nebel» ist Programm, sie erinnert an Hermann Hesses berühmtes Gedicht «Im Nebel», dessen erste Zeilen lauten: «Seltsam, im Nebel zu wandern! / Einsam ist jeder Busch und Stein...» Aber Hesse erzählt von der Einsamkeit wie ein Prediger und offeriert uns eine klare Botschaft. Das tut die Autorin keineswegs, sie bleibt, von den letzten zwei Zeilen abgesehen, ganz im Bild.

Dieses Bild zeigt uns ein Haus, von dem wir annehmen dürfen, dass es irgendwo draußen steht, auf dem Land oder am Stadtrand, denn Nebel ist aus dem Gehölz aufgestiegen und wabert hinein in den Flur, über die Fliesen und

Dielen bis hin zur Haustür. Irgendwie zieht es, jemand hat den hinteren Ausgang geöffnet – die Küchentür, denken wir, wegen der Fliesen. Im Luftzug sitzt der Hund mit aufgerichteten Ohren. Und dann sind da zwei Menschen, ein «Du» (wahrscheinlich der Mann) und ein «Ich» (wahrscheinlich die Frau).

Mehr an Fakten gibt es nicht, aber wir können uns die Zwischenräume leicht ausmalen. Ein Abschied am späten Abend, denn Nebel ist aufgestiegen «aus dem holz / der nacht», und der Mann geht «auf / und ab in ungestörtem rhythmus» wie einer, der seine Utensilien sammelt, bevor er aufbricht. Und die Frau ergreift stumm seine Hand. Sie sieht sein Auge wie in einer Nahaufnahme, die Adern der Lider, die Wimpern windgebogen wie Ähren, und dann heißt es: «ich falle». Etwas ergreift sie, der Schmerz des Abschieds, ein ersticktes Schluchzen bedroht sie von Neuem: «die laute von erstickter kehle kehren wieder». An dieser Stelle tritt das Ich aus dem Bild heraus, will in ungehemmte Klage ausbrechen, aber die Worte, die «bitterschwer» auf der Zunge liegen, versagen, sie sind nur noch Erinnerung.

Nun ja, das hat es schon gegeben und gibt es immer wieder, Liebesleid und Liebesfreud. Aber schön ist Nadja Küchenmeisters Sprache und wie ganz neu. Sie verschmelzt die Gefühle und die Gegenstände zu einer großen, sanften Melodie. Wer schlägt ans Fenster? Der Nebel, aber es könnte auch der Hund sein, der anschlägt. Die Luft wiegt leicht? Wie denn nicht, aber das eben ist das Problem, die plötzliche Leere zwischen den beiden. Nur eine «atemtreppe» gibt es, und die Treppe bezeichnet das Gefälle zwischen dem Gehenden und der Bleibenden, vielleicht Zurückgelassenen. Und die Treppe gehört zu diesem

Flur, durch den der kalte Nebel zieht, sie führt nach oben, wo die Liebesbegegnung eben sich ereignet hat. Schon jetzt gehört sie nur noch zu den «geflockten stunden».

Ganz leise und träumerisch fügt Nadja Küchenmeister (geboren 1981) diese Bilder ineinander, baut zarte Assonanzen («deckt die dielen zu im flur»), gestattet sich zuweilen ein Versmaß, bleibt aber immer haarscharf unter dem Regelwerk poetischer Formen. Einzig am Ende greift sie zum Endreim («nur mehr – bitterschwer»), und hier streift sie das Sentimentale so kunstvoll knapp, dass wir endlich begreifen: Es ist ein Liebesgedicht, ein bitterschweres, leichtes und schönes.

Anhang

Kleines Alphabet der Verslehre

Hier ein paar Stichwörter, die im Verlauf dieses Buches vorgekommen sind. Die Liste ist sehr unvollständig, und wer sich genauer mit den Feinheiten der Verslehre befassen möchte, sollte die entsprechenden Handbücher zurate ziehen, von denen ich lediglich zwei nenne:

Burkhard Moennighoff: «Metrik» (erschienen bei Reclam, Stuttgart 2004)

Christian Wagenknecht: «Deutsche Metrik – Eine historische Einführung» (erschienen in der fünften erweiterten, Auflage bei C.H.Beck, München 2007)

Alliteration Gleichklang aufeinanderfolgender betonter Silben mit demselben Anlaut (der Toten Tatenruhm, alternde Astern).

Anapäst auf zwei *Senkungen folgt eine *Hebung (Male-**rei**).

Assonanz Gleichklang von Vokalen bei verschiedenen Konsonanten (Unterpfand – wunderbar).

Blankvers reimloser fünfhebiger *Jambus, findet oft in Dramen Verwendung.

Daktylus auf eine *Hebung folgen zwei *Senkungen (**Roll**treppe).

Distichon besteht aus einem *Hexameter und einem *Pentameter.

Hebung Jede in einer *Verszeile betonte Silbe (**Bahn**-hof, **Roll**-treppe).

Hexameter Sechshebige *Verszeile, die hauptsächlich den *Daktylus verwendet, der letzte Versfuß ist unvollständig. An die Stelle des Daktylus kann auch der *Spondeus treten, deshalb sehr flexible Form.

Jambus beginnt mit einer unbetonten Silbe, der eine betonte folgt.

Metrum, auch Versfuß Kleinste rhythmische Einheit, vergleichbar dem musikalischen Takt. Ein Metrum besteht in der Regel aus einer betonten Silbe und einer oder zwei unbetonten. Die betonte Silbe nennt man Hebung, die unbetonte Senkung.

Palindrom Wörter oder eine Reihe von Wörtern, die von vorn nach hinten und von hinten nach vorn gelesen gleich lauten. Ein kurzes Beispielwort: Otto. Ein langes: Reliefpfeiler. Ganze Palindromsätze sind meist sinnlos, wie etwa dieser, der zu den längsten zählt: Ein Neger mit Gazelle zagt im Regen nie.

Pentameter Sechshebige Verszeile, die den *Daktylus verwendet, wobei nach der dritten und sechsten Hebung keine Senkungen folgen. Dadurch entsteht in der Mitte, wo die zwei Betonungen aufeinanderstoßen, eine Stauung oder Verkürzung, daher der Name Pentameter («Fünffuß»), der aber in die Irre führt, jedenfalls im Deutschen, das Hebungen, Betonungen zählt. In der Antike, aus der der Pentameter ebenso stammt wie der *Hexameter, hatte die Länge oder Kürze einer Silbe eine größere Bedeutung, weshalb man die Metren etwas anders zählte.

Reim Gleichklang zweier betonter Silben. Im Gedicht am häufigsten ist der Endreim: Herz – Schmerz. Diesen Endreim (Versausgang) nennt man männlich, da er mit einer

betonten Silbe endet, im Unterschied zum weiblichen Versausgang, der mit einer unbetonten Silbe endet: Sonne –
Wonne. Der Endreim bindet die Verse aneinander und stellt
dadurch Sinneinheiten her. In der Abfolge der Endreime
unterscheidet man unter anderem zwischen dem Paarreim
(a-a-b-b), dem Kreuzreim (a-b-a-b), dem umarmenden
Reim (a-b-b-a) und dem geschweiften Reim (a-a-b-c-c-b).
Es gibt aber noch sehr viele andere Reimschemata, etwa
im *Sonett. Außerdem gibt es den Schlagreim, das heißt
den Reim am Versbeginn (Quellende, schwellende Nacht);
den Binnenreim, den Gleichklang inmitten einer Verszeile; den Stabreim oder die *Alliteration.

Schüttelreim   Reimform, bei der die Anfangskonsonanten der
letzten beiden betonten Silben miteinander vertauscht werden (**B**irken-**w**ald – **w**irken **b**ald). Dient in der Regel humo-
ristischen Zwecken.

Senkung   Jede in einer *Verszeile nicht betonte Silbe. Es kann
dabei um nur eine Silbe gehen (Bahn-**hof**) oder auch um
zwei (Roll-**treppe**).

Sonett   Strophenfolge aus 14 Verszeilen mit einem bestimmten Reimschema. Die häufigste Form besteht aus zwei
Quartetten (vierzeilige Strophen) und zwei Terzetten (dreizeilige Strophen). Die Reimfolge lautet meist a-b-b-a,
c-d-d-c, e-f-g, e-f-g. Die Sonette Shakespeares haben drei
Quartette und ein abschließendes Reimpaar: a-b-a-b,
c-d-c-d, e-f-e-f, g-g. Es gibt aber noch andere Varianten,
auch das Metrum variiert.

Spondeus   zwei lange Silben, von denen die erste betont ist.

Strophe   Gruppe von *Verszeilen.

Trochäus   beginnt mit einer betonten Silbe, der eine unbetonte folgt.

Verszeile   Nach dem *Metrum die nächstgrößere Einheit des

klassischen Gedichts. Sie besteht aus einer bestimmten Anzahl wiederkehrender metrischer Einheiten (Versfüße), etwa des dreihebigen oder vierhebigen *Jambus. Im modernen Gedicht ist die Verszeile oft ohne Rhythmus- oder Reimmerkmale und meint dann nicht mehr als die im Schriftbild gebrochene und gedruckte Zeile.

Zeilensprung, auch Enjambement   Der Satz oder die Bedeutungseinheit endet nicht mit der Verszeile, sondern springt in die nächste über. Dadurch wird der manchmal etwas mechanisch oder aufdringlich wirkende Reim in einen größeren Zusammenhang eingebunden. Ein besonderer Fall ist die Brechung eines Wortes (das raffinier- / te Tier).

Quellenverzeichnis – Anthologien

Aus der ungezählten Menge von Gedichtsammlungen nenne ich Ihnen hier nicht die fremdsprachigen, auch nicht die nach Themen geordneten (Liebesgedichte, Sommergedichte, Wolken- und Regengedichte), sondern nur die wichtigsten lieferbaren Anthologien deutschsprachiger Literatur, geordnet nach ihrem Umfang:

Deutsche Lyrik von den Anfängen bis zur Gegenwart. Herausgegeben von Walther Killy. Nachdruck der Ausgabe von 1978, erweitert von Gerhard Hay und Sibylle von Steinsdorff. Deutscher Taschenbuch Verlag München 2001, 4064 Seiten in zehn Bänden.

Der Neue Conrady. Das große deutsche Gedichtbuch von den Anfängen bis zur Gegenwart. Herausgegeben von Karl Otto Conrady. Patmos Verlag Düsseldorf 2000, 1307 Seiten.

Der ewige Brunnen. Ein Handbuch deutscher Dichtung, gesammelt und herausgegeben von Ludwig Reimers, aktualisiert und erweitert von Albert von Schirnding. C.H. Beck München 2005, 1133 Seiten.

Reclams großes Buch der deutschen Gedichte. Vom Mittelalter bis ins 21. Jahrhundert, ausgewählt und herausgegeben von Heinrich Detering. Reclam Stuttgart 2007, 1001 Seiten.

Meine deutschen Gedichte. Eine Sammlung von Hartmut von Hentig. Kallmeyersche Verlagsbuchhandlung bei Friedrich in Velber 1999, 782 Seiten.

Das deutsche Gedicht. Vom Mittelalter bis zur Gegenwart, herausgegeben von Wulf Segebrecht. S. Fischer Frankfurt am Main 2007, 702 Seiten.

Stimmen im Kanon. Deutsche Gedichte, ausgewählt von Ulla Hahn. Reclam Stuttgart 2003, 367 Seiten.

Die berühmtesten deutschen Gedichte. Ermittelt und zusammengestellt von Hans Braam. Alfred Kröner Stuttgart 2004, 307 Seiten.

Quellenverzeichnis

TEIL I

Theodor W. Adorno (1903–1969)
Kulturkritik und Gesellschaft
Prismen. Kulturkritik und Gesellschaft. Fotomechanischer Nachdruck der Ausgabe von 1955. © Frankfurt am Main: Suhrkamp 1969, S. 30 f.

Anonym
Du bist mîn
Deutsche Lyrik des frühen und hohen Mittelalters. Edition der Texte und Kommentare von Ingrid Kasten. Übersetzungen von Margherita Kuhn. Frankfurt am Main: Deutscher Klassiker Verlag 1995, S. 30 f.

Achim von Arnim (1781–1831)/Clemens Brentano (1778–1842)
Wenn ich ein Vöglein wär
Des Knaben Wunderhorn. Alte deutsche Lieder. Kritische Ausgabe. Hrsg. und kommentiert von Heinz Rölleke. Bd. I. Stuttgart: Reclam 2006, S. 204 f.

Hartmann von Aue (2. Hälfte des 12. Jh.–Anfang des 13. Jh.)
Der arme Heinrich
Hrsg. von Hermann Paul. Neu bearbeitet von Kurt Gärtner. 17. durchgesehene Auflage. Tübingen: Niemeyer 2001, S. 1.

Charles Baudelaire (1821–1867)
Le Poison
Die Blumen des Bösen. Der Spleen von Paris. Französisch und Deutsch. Mit einem Kommentar von Manfred Starke. Zweite erweiterte Auflage. Leipzig: Insel 1990, S. 90.

Gottfried Benn (1886–1956)
Letzter Frühling
Sämtliche Werke. Stuttgarter Ausgabe. Bd. 1: Gedichte 1. In Verb. m. Ilse Benn. Hrsg. von Gerhard Schuster. © Stuttgart: Klett-Cotta 1986, S. 305.

Banane
Ebenda, S. 82 f. (Abdruck der ersten Strophe)

Wolf Biermann (* 1936)
Stasi-Ballade
Für meine Genossen. Hetzlieder, Balladen, Gedichte. Berlin: Verlag Klaus Wagenbach 1972, S. 69 ff. © 1967 bei Wolf Biermann.

Kleines Lied von den bleibenden Werten
Ebenda, S. 20. © 1972 bei Wolf Biermann.

Rolf Dieter Brinkmann (1940–1975)
Einen jener klassischen
Westwärts 1 & 2. © Reinbek bei Hamburg: Rowohlt 1975, S. 25.

Ein Gedicht
Ebenda, S. 15 ff.

Gottfried August Bürger (1747–1794)
Lenore
Bürgers Werke in einem Band. Hrsg. von den Nationalen Forschungs- und Gedenkstätten der klassischen deutschen Literatur in Weimar. Weimar/Berlin: Aufbau Verlag 1990, S. 22–29.

Wilhelm Busch (1832–1908)
Die Selbstkritik hat viel für sich
Wilhelm Busch. Hundert Gedichte. Hrsg. von Gudrun Schury.
Berlin: Aufbau Verlag 2007, S. 135.

Paul Celan (1920–1970)
Todesfuge
Mohn und Gedächtnis. © München: Deutsche Verlags-Anstalt
in der Verlagsgruppe Random House GmbH 1952, S. 37–39.

Matthias Claudius (1740–1815)
Das Distichon
Sämtliche Werke. München: Winkler 1976, S. 940.

Abendlied
Ebenda, S. 217 f.

Joseph von Eichendorff (1788–1857)
Sehnsucht
Werke in sechs Bänden. Hrsg. von Hartwig Schultz. Bd. 1: Gedichte, Versepen. Frankfurt am Main: Deutscher Klassiker Verlag 1987, S. 315.

Wünschelrute
Ebenda, S. 328.

Hans Magnus Enzensberger (* 1929)
Nur damit du Bescheid weißt
William Carlos Williams: Gedichte. Amerikanisch und Deutsch.
Übertragung und Nachwort von Hans Magnus Enzensberger.
© Frankfurt am Main: Suhrkamp 1962, S. 93 (= Bibliothek Suhr-
kamp 76).

Heinz Erhardt (1909–1979)
Nur Wasser trinkt...
Das große Heinz Erhardt Buch. © Oldenburg: Lappan Verlag
1988.

Wolfram von Eschenbach (um 1160/80–um/nach 1220)
Parzival
Nach der Ausgabe Karl Lachmanns. Bd. 1. Revidiert und kommentiert von Eberhard Nellmann. Übertragen von Dieter Kühn. Frankfurt am Main: Deutscher Klassiker Verlag 2006, S. 314.

Theodor Fontane (1819–1898)
John Maynard
Große Brandenburger Ausgabe, 11 Bde. Hrsg. von Gotthard Erler. Bd. 1: Gedichte 1. Berlin: Aufbau Verlag 1995, S. 155–157.

Hugo Friedrich (1904–1978)
Die Struktur der modernen Lyrik. Von der Mitte des neunzehnten bis zur Mitte des zwanzigsten Jahrhunderts.
Erweiterte Neuausgabe. Reinbek bei Hamburg: Rowohlt 1992.

Paul Gerhardt (1607–1676)
O Haupt voll Blut und Wunden
Geistliche Lieder. Nachwort von Gerhard Rödding. Stuttgart: Reclam 1991, S. 17 ff.

Robert Gernhardt (1937–2006)
Materialien zu einer Kritik der bekanntesten Gedichtform italienischen Ursprungs
Gesammelte Gedichte 1954–2006. © Frankfurt am Main: S. Fischer Verlag GmbH 2008, S. 109.

Nachdem er durch Metzingen gegangen war
Ebenda, S. 274.

Johann Wolfgang Goethe (1749–1832)
Römische Elegien
Gedichte. Sonderausgabe. Hrsg. und kommentiert von Erich Trunz. München: C. H. Beck 1974, S. 160.

Erlkönig
Ebenda, S. 154.

Der König in Thule
Ebenda, S. 80 f.

Ein Gleiches
Ebenda, S. 142.

Mailied
Werke. Bd. 1: Gedichte, West-östlicher Divan, Epen. München: Winkler 1973, S. 23 f.

Das Sonett
Gedichte. Sonderausgabe. Hrsg. und kommentiert von Erich Trunz. München: C. H. Beck 1974, S. 245.

Eugen Gomringer (* 1925)
schweigen
Worte sind Schatten. Die Konstellationen 1951–1968. Hrsg. und eingeleitet von Helmut Heißenbüttel. Reinbek bei Hamburg: Rowohlt 1969, S. 27. © bei Eugen Gomringer.

Heinrich Heine (1797–1856)
Die schlesischen Weber
Sämtliche Gedichte. Kommentierte Ausgabe. Hrsg. von Bernd Kortländer. Stuttgart: Reclam 2006, S. 458 f.

Das Fräulein stand am Meere
Ebenda, S. 312.

Friedrich Hölderlin (1770–1843)
Hyperions Schicksalslied
Sämtliche Gedichte. Studienausgabe in zwei Bänden, Bd. 1. Hrsg. und kommentiert von Detlev Lüders. Bad Homburg: Athenäum Verlag 1970, S. 183 f.

Hugo von Hofmannsthal (1874–1929)
Poesie und Leben (1896)
Ars poetica. Texte von Dichtern des 20. Jahrhunderts zur Poetik.
Hrsg. von Beda Allemann. Darmstadt: Wissenschaftliche Buchgesellschaft 1966, S. 12–14.

Homer (8. Jh. v. Chr.)
Odyssee
Deutsch von Johann Heinrich Voß. Frankfurt am Main: Fischer 1963, S. 7.

Ernst Jandl (1925–2000)
ottos mops
Poetische Werke. Hrsg. von Klaus Siblewski. © München: Luchterhand Literaturverlag in der Verlagsgruppe Random House GmbH 1997.

etüde in f
Ebenda.

Johann Klaj (1616–1656)
Vorzug des Frühlings
Friedensdichtungen und kleinere poetische Schriften. Hrsg. von Conrad Wiedemann. Tübingen: Niemeyer 1968, S. III f.

Dieter Kühn (* 1935)
Wolfram von Eschenbachs Parzival
Der Parzival des Wolfram von Eschenbach. © Frankfurt am Main: Fischer Taschenbuch Verlag 1997.

Gustav Landauer (1870–1919)
Walt Whitman
Walt Whitman: Grashalme. Nachdichtung von Hans Reisiger. Mit einem Essay von Gustav Landauer. Zürich: Diogenes 1985, S. 421–429.

Federico García Lorca (1898–1936)

Canción

Hugo Friedrich: Die Struktur der modernen Lyrik. Von der Mitte des neunzehnten bis zur Mitte des zwanzigsten Jahrhunderts. Erweiterte Neuausgabe. Reinbek bei Hamburg: Rowohlt 1992, S. 236 f.

Das dichterische Bild bei Don Luis de Góngora (1927)

Das dichterische Bild bei Don Luis de Góngora. Die Kinder-Schlummerlieder. Theorie und Spiel des Dämons. Deutsch von Enrique Beck. Düsseldorf/Köln: Diederichs 1954, S. 7–34.

Ars poetica. Texte von Dichtern des 20. Jahrhunderts zur Poetik. Hrsg. von Beda Allemann. Darmstadt: Wissenschaftliche Buchgesellschaft 1966, S. 119–138.

Wladimir Majakowski (1893–1930)

Wie macht man Verse?

Werke in zehn Bänden. Hrsg. von Leonhard Kossuth. Deutsche Nachdichtung von Hugo Huppert. Bd. 9: Publizistik. Aufsätze und Reden. Frankfurt am Main: Suhrkamp 1980, S. 171– 216.

Conrad Ferdinand Meyer (1825–1898)

Zwei Segel

Sämtliche Werke in zwei Bänden, Bd. II. 2. Auflage. München: Artemis & Winkler 1991, S. 102.

Christian Morgenstern (1871–1914)

Das ästhetische Wiesel

Galgenlieder. Der Gingganz. 16. Auflage. München: dtv 1980, S. 37.

Nein!

Ebenda, S. 18.

Fisches Nachtgesang

Ebenda, S. 27.

Les Murray (*1938)
Fredy Neptune
Aus dem australischen Englisch von Thomas Eichhorn. Zürich:
Ammann 2004.

Robert Musil (1880–1942)
Gesammelte Werke in neun Bänden. Bd. 8: Essays und Reden.
Hrsg. von Adolf Frisé. © Reinbek bei Hamburg: Rowohlt 1978,
S. 1212 f.

Edgar Allan Poe (1809–1849)
The Raven
Der Rabe. In der Übertragung von Hans Wollschläger. Zwei-
sprachig. Frankfurt am Main: Insel 1982.

Hans Reisiger (1884–1968)
Für Dich, o Demokratie
Walt Whitman. © Berlin: Suhrkamp 1946.

Rainer Maria Rilke (1875–1926)
Die Aufzeichnungen des Malte Laurids Brigge
Herausgegeben und kommentiert von Manfred Engel. Stutt-
gart: Reclam 1997.

Der Knabe
Werke. Kommentierte Ausgabe in vier Bänden. Hrsg. von Man-
fred Engel et al. Bd. 1: Gedichte 1895–1910. Frankfurt am Main/
Leipzig: Insel 1996, S. 269.

Duineser Elegien
Die Gedichte. Nach der von Ernst Zinn besorgten Edition der
Sämtlichen Werke, Insel 1957. 6. Auflage. Frankfurt am Main:
Insel 1993, S. 629 f.

Römische Fontäne
Ebenda, S. 475.

Terese Robinson (1873–ca. 1933)
Das Gift
Die Blumen des Bösen. München: Georg Müller Verlag 1925,
S. 81.

Gerhard Rühm (* 1930)
udu
Gesammelte Werke. Bd. 1.1: Gedichte. Hrsg. von Michael Fisch.
© Berlin: Parthas Verlag 2005, S. 74.

Friedrich Schiller (1759–1805)
Das Distichon
Musenalmanach für das Jahr 1797. Hrsg. von Friedrich Schiller.
Tübingen: Cotta, S. 67.

Der Ring des Polykrates
Werke und Briefe in zwölf Bänden. Bd. 1: Gedichte. Hrsg. von
Georg Kurscheidt. Frankfurt am Main: Deutscher Klassiker Ver-
lag 1992, S. 85.

Die Worte des Glaubens
Ebenda, S. 23.

Johannes von Tepl (um 1350–um 1414)
Der Ackermann aus Böhmen
Textausgabe von Arthur Hübner. 2. Auflage. Leipzig: S. Hirzel
Verlagsbuchhandel 1954, S. 2 (= Altdeutsche Quellen H. 1).

Marie von Thurn und Taxis-Hohenlohe (1855–1934)
Erinnerungen an Rainer Maria Rilke
3. Auflage. Frankfurt am Main: Insel 1988.

Georg Trakl (1887–1914)
Grodek
Gedichte. Auswahl und Nachwort von Marie Luise Kaschnitz.
Frankfurt am Main: Suhrkamp 1977, S. 152 (= Bibliothek Suhr-
kamp 420).

Walt Whitman (1819–1892)
For You O Democracy
The Collected Writings of Walt Whitman. Bd. 6,2: Leaves of
Grass. A textual Variorum of the printed poems, vol. II: Poems
1860–1867. Edited by Sculley Bradley et al. New York: Univer-
sity Press 1980, S. 375.

William Carlos Williams (1883–1963)
This Is Just to Say
Gedichte. Amerikanisch und Deutsch. Übertragung und Nach-
wort von Hans Magnus Enzensberger. © Frankfurt am Main:
Suhrkamp 1962, S. 92 (= Bibliothek Suhrkamp 76).

Hans Wollschläger (1935–2007)
Der Rabe
Edgar Allan Poe: «Der Rabe». In der Übertragung von Hans
Wollschläger. Zweisprachig. © Frankfurt am Main: Insel 1982.

Joachim August Zarnack (1777–1827)
Ich hab die Nacht geträumet
Deutsche Volkslieder. Mit Volksweisen für Volksschulen, nebst
einer Abhandlung über das Volkslied, 2. Teil. Berlin: Maurer-
sche Buchhandlung 1820, S. 28.

Merseburger Zaubersprüche
Althochdeutsche Literatur. Eine kommentierte Anthologie. Alt-
hochdeutsch/Neuhochdeutsch. Hrsg. und kommentiert von
Stephan Müller. Stuttgart: Reclam 2007, S. 270.

TEIL II

Friedrich Hölderlin (1770–1843)
Der Sommer
Sämtliche Gedichte. Studienausgabe in zwei Bänden, Bd. 1. Hrsg.
und kommentiert von Detlev Lüders. Bad Homburg: Athenäum
Verlag 1970, S. 481.

Interpretation von Ulrich Greiner in: «Und voll mit wilden Rosen». 33 Gedichte mit Interpretationen. Hrsg. von Marcel Reich-Ranicki. Mit einem Vorwort von Peter von Matt. Frankfurt am Main: Insel 2009, S. 159–162.

Clemens Brentano (1778–1842)
Der Spinnerin Nachtlied
Werke. Hrsg. von Wolfgang Frühwald et al. Bd. 1: Gedichte, Romanzen und Rosenkranz. München: Hanser 1968, S. 131.

Interpretation von Ulrich Greiner in: FAZ vom 7. Februar 2009, S. 24.

Joseph von Eichendorff (1788–1857)
Vorbei
Werke in sechs Bänden. Bd. 1: Gedichte, Versepen. Hrsg. von Hartwig Schultz. Frankfurt am Main: Deutscher Klassiker Verlag 1987, S. 413.

Interpretation von Ulrich Greiner in: Frankfurter Anthologie. Gedichte und Interpretationen. Hrsg. von Marcel Reich-Ranicki. Bd. 22. Frankfurt am Main/Leipzig: Insel 1999, S. 71–74.

Friedrich Hebbel (1813–1863)
Lied
Sämtliche Werke. Bd. 7: Gedichte. Hamburg: Hoffmann und Campe 1867, S. 14.

Interpretation von Ulrich Greiner in: Frankfurter Anthologie. Gedichte und Interpretationen. Hrsg. von Marcel Reich-Ranicki. Bd. 29. Frankfurt am Main/Leipzig: Insel 2006, S. 91–94.

Theodor Däubler (1876–1934)
Winter
Der sternhelle Weg und andere Gedichte. Hrsg. und mit einem Nachwort von Harald Kaas. München: Hanser 1985, S. 15.

Interpretation von Ulrich Greiner in: FAZ vom 18. Oktober 2008, S. 24.

Georg Heym (1887–1912)
Fröhlichkeit
Dichtungen und Schriften. Gesamtausgabe in vier Bänden. Bd. 1:
Lyrik. Bearbeitet von Karl L. Schneider und Gunter Martens.
München: C. H. Beck 1964, S. 389.

Interpretation von Ulrich Greiner in: Frankfurter Anthologie.
Gedichte und Interpretationen. Hrsg. von Marcel Reich-Ranicki.
Bd. 25. Frankfurt am Main/Leipzig: Insel 2002, S. 109–112.

Elisabeth Borchers (* 1926)
eia wasser regnet schlaf
© Elisabeth Borchers: Gedichte. Ausgewählt von Jürgen Becker.
Frankfurt am Main: Suhrkamp 1976.

Interpretation von Ulrich Greiner in: Frankfurter Anthologie.
Gedichte und Interpretationen. Hrsg. von Marcel Reich-Ranicki.
Bd. 23. Frankfurt am Main/Leipzig: Insel 2000, S. 193–197.

Clemens Eich (1954–1998)
Als ich dich umbrachte, Indianerbruder
Gesammelte Werke, Bd. II. Hrsg. von Elisabeth Eich und Ulrich
Greiner. © Frankfurt am Main: S. Fischer Verlag GmbH 2008.

Interpretation von Ulrich Greiner in: Frankfurter Anthologie.
Gedichte und Interpretationen. Hrsg. von Marcel Reich-Ranicki.
Bd. 16. Frankfurt am Main/Leipzig: Insel 1993, S. 225–228.

Hellmuth Opitz (* 1959)
Liste kleiner Traurigkeiten
Die Sekunden vor Augenaufschlag. Gedichte. © Bielefeld: Pen-
dragon Verlag 2006.

Interpretation von Ulrich Greiner in: Frankfurter Anthologie.
Gedichte und Interpretationen. Hrsg. von Marcel Reich-Ranicki.
Bd. 30. Frankfurt am Main/Leipzig: Insel 2007, S. 219–222.

Norbert Hummelt (* 1962)

kreuzreim

singtrieb. Gedichte. © Basel/Weil am Rhein: Urs Engeler Editor 1997.

Interpretation von Ulrich Greiner in: Frankfurter Anthologie. Gedichte und Interpretationen. Hrsg. von Marcel Reich-Ranicki. Bd. 31. Frankfurt am Main/Leipzig: Insel 2007, S. 231–235.

Nadja Küchenmeister (* 1981)

nebel

© Nadja Küchenmeister

Interpretation von Ulrich Greiner in: Frankfurter Anthologie. Gedichte und Interpretationen. Hrsg. von Marcel Reich-Ranicki. Bd. 32. Frankfurt am Main/Leipzig: Insel 2008, S. 229–232.

Register

Neuerscheinungen

Aravind Adiga
Zwischen den Attentaten
384 S., geb.

Andre Dubus III
Der Garten der letzten Tage
Roman
600 S., geb.

Dagmar Leupold
Die Helligkeit der Nacht
Roman
207 S., geb.

Victor Lodato
Mathilda Savitch
Roman
301 S., geb.

Norbert Scheuer
Überm Rauschen
Roman
167 S., geb.

Kristín Steinsdóttir
Eigene Wege
Roman
127 S., geb.

Tina Uebel
Die Wahrheit über Frankie
Roman
310 S., geb.

Anne Wiazemsky
Jeune fille
Roman
206 S., geb.

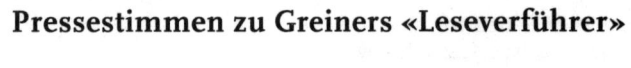

Pressestimmen zu Greiners «Leseverführer»

«(...) ist das Buch dann auch gar keine Verführung zur Lektüre, sondern eine zuweilen sehr praktische, zuweilen weit ins Ästhetische ausgreifende Handreichung zum Lesen von Werken der Romankunst – ein Kursus in einer imaginären Volkshochschule, wenn man so will, in dem man sich einmal in der Woche versammelt, um sich Gedanken darüber zu machen, warum man beim Lesen von Romanen vergisst, dass man sich, in unterschiedlichem Grad, mit «Erfundenem» beschäftigt. (...) Aus diesen Seiten tritt dem Leser ein Kritiker entgegen, der es mit der Literatur ernst meint, einer, der weiß, dass Literaturkritik zuweilen auch gegen die Literatur vorgehen muss, einer, der mit Beobachtung und Analyse überzeugen und das Publikum nicht mit suggestiven Kaufbefehlen und großen Gesten heimsuchen will. Sogar der «Eskapismus», zu dem sich Ulrich Greiner zu Beginn seines Buches bekennt, ist nicht die Weltflucht, als die er sich angekündigt hatte, sondern entpuppt sich als Figur der Distanz, der Gelassenheit und der Reflexion. Einen solchen Kollegen schätzt man sehr.»
Thomas Steinfeld, Süddeutsche Zeitung, 19. Dezember 2005

«Greiner macht es uns leicht: Zum einen findet er einleuchtende Zitate, und zum andern ist er ein glänzender Nacherzähler.»
Jochen Jung, Der Tagesspiegel, 2. Oktober 2005

«Es soll kein weiterer Kanon sein und auch nicht die x-te Literaturgeschichte, sondern eine „Gebrauchsanweisung zum Lesen schöner Literatur. (...) Greiners kluger Leitfaden bleibt kaum eine Antwort schuldig.»
Hendrik Werner, Die Welt, 6. August 2005

«Gelungen ist ihm eine überzeugende Lese-Anleitung.»
Brigitte, 12. Oktober 2005

© Verlag C.H. Beck oHG, München 2009
Gesetzt aus der Scala bei a.visus, München
Druck und Bindung: GGP Media GmbH, Pößneck
Gedruckt auf säurefreiem, alterungsbeständigem Papier
(hergestellt aus chlorfrei gebleichtem Zellstoff)
Printed in Germany
ISBN 978 3 406 59069 6
www.beck.de